Labor der Lüste

Über die Kultur des Essens und Trinkens

Günter Küppers, Ernst Heiner Hüser
Bilder von Brigitte Wegner

Inhalt

Vorwort

VORWORT

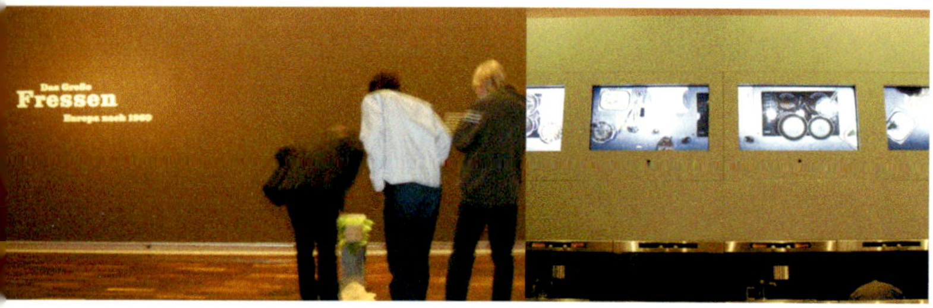

Kochen hat Konjunktur. Laien und Profis kochen im Fernsehen um die Wette. Jeder TV-Sender hat seine eigene Kochsendung. Kochbücher für die große wie für die bürgerliche Küche überschwemmen die Ladentische. Sterneköche verraten ihre Geheimnisse und Gastronomiekritiker berichten regelmäßig über ihre Genussreisen. Selbst die Wissenschaft wird von der Kochkunst in Dienst genommen. Molekulargastronomie heißt eine neue Disziplin, die den Geheimnissen der Kochkunst wissenschaftlich auf den Grund geht. Alte Dogmen – Fleisch scharf anbraten, damit sich die Poren schließen – werden von ihr als Nonsens entlarvt. Neue Garmethoden versprechen wissenschaftlich untermauert höchsten Genuss. Die Niedrigtemperaturmethode unserer Großmütter wird wieder entdeckt.

Nigella Lawson, eine berühmte englische Köchin, lobt ihren Vierundzwanzig-Stunden-Schweinebraten, der trotz der extrem langen Bratzeit saftig bleibt und zart wird.
Berühmte Köche wie z.B. Ferran Adriá entwickeln neue Gerichte in eigens dafür eingerichteten Forschungslabors. In Erice auf Sizilien, wo fast das ganze Jahr über Physiker diskutieren, was die Welt im Innersten zusammenhält, treffen sich alle zwei Jahre Sterneköche, Physiker und Chemiker und versuchen die Prozesse zu verstehen, die gewöhnliche Lebensmittel in kulinarische Köstlichkeiten verwandeln. Die Küche wird zu einem Labor der Lüste.
Kochen und gutes Essen sind wieder in den Mittelpunkt gesellschaftlichen Interesses gerückt. Slow Food hat sich als soziale Bewegung im Kampf gegen Fast Food etabliert. Ihre Mitglieder setzen auf Qualität und kämpfen gegen die Geschmacklosigkeit industriell vorgefertigter Produkte. Lifestyle-Magazine informieren über die neuesten Adressen einer nach höchsten Ansprüchen strebenden Gastronomie und geben praktische Hinweise, wie das tägliche Essen oder die große Party kulinarisch verfeinert werden kann. Eckart Witzigmann, einer der Vorreiter der Haute Cuisine in Deutschland, lüftet im SZ-Magazin das Geheimnis, wie traditionelle Hausmannskost zum kulinarischen Erlebnis wird. Paula Bosch empfiehlt dazu den passenden Wein. Wer etwas auf sich hält, gibt sich als Feinschmecker, auch wenn er manchmal heimlich zur Currywurst greift.

Auch die Museen entdecken das Thema Essen. Unter dem Titel »Mahlzeit! Kultur des Essens und Genießens« haben sich 2004 über 40 Museen in Ostwestfalen-Lippe zusammengeschlossen, um sich in Ausstellungen und anderen Veranstaltungen lustvoll zu präsentieren.
Die Kunsthalle Bielefeld hat in diesem Kontext die Ausstellung »Das große Fressen in der Kunst« organisiert, in der zu sehen war, wie die Pop-Art in Amerika und in Europa mit dem Essen umgegangen ist. Begleitend zu dieser Ausstellung gab es eine Vortragsreihe, in der unter dem Titel »Die Küche – Ein Labor der Lüste?« Künstler, Schriftsteller, Journalisten und Wissenschaftler eingeladen waren, zusätzliche Aspekte vom Kochen und Essen vorzustellen und zu diskutieren. Aber es wurde nicht nur geredet. Im Foyer der Kunsthalle war eine Küche aufgebaut, in der jeweils zum Thema passende Köstlichkeiten vom Sternekoch Ernst Heiner Hüser zubereitet und serviert wurden.
Dieser Band soll einen Eindruck von dieser Veranstaltung vermitteln, ohne freilich die gehaltenen Referate abzudrucken. Die Verpflichtung zur Abgabe veröffentlichungsreifer Manuskripte hätte die Referenten verschreckt und die Spontanität ihrer Beiträge hätte darunter gelitten. Dennoch waren die in den Referaten angesprochenen Themen Leitfaden bei der Gestaltung der Texte.

Auf wörtliches Zitieren haben wir verzichtet, um die Referenten nicht für aus dem Zusammenhang gerissene Zitate verantwortlich zu machen. Am Ende des Buches ist zur Information das Programm aus dem »Labor der Lüste« abgedruckt.

In zehn thematischen Schwerpunkten werden Anstöße gegeben, sich mit der Vielfältigkeit der Themen auseinander zu setzen: mit dem Fasten und der Völlerei, mit den industriell hergestellten Lebensmitteln und den Ansprüchen der Sterneküche, mit der Rolle regionaler Küchen und mit der Globalisierung des Geschmacks, mit den sozialen Mechanismen der Ausgrenzung und den kulturellen Traditionen der Integration, mit der Rolle der Laien und dem Wissen der Experten.

Das Buch erhebt nicht den Anspruch, die hier vorgestellten Themen erschöpfend zu behandeln. Vielmehr sollen Eindrücke von der Vielfältigkeit der Themen rund um die Küche vermittelt und Appetit gemacht werden, sich näher mit der Kultur des Essens zu beschäftigen. Als

Anleitung zu praktischen Übungen sind die Rezepte der in der Veranstaltung servierten Gerichte abgedruckt. Sie sollen zum Nachkochen verführen. Und zu guter Letzt sollen die Bilder etwas von der Atmosphäre dieser einzigartigen Veranstaltung widerspiegeln.

Danksagung

Viele haben die Veranstaltung »Labor der Lüste« großzügig unterstützt und damit wesentlich zu ihrem Gelingen beigetragen. Als Erstes sind hier die Kunsthalle Bielefeld und ihr Direktor Thomas Kellein zu nennen. Sie haben Planung und Durchführung mit großem Elan und Arbeitseinsatz mitgestaltet. Die Firma Miele & Cie. KG hat die Küche zur Verfügung gestellt und im Foyer der Kunsthalle aufgebaut, ohne die das Kochen nicht möglich gewesen wäre. Die Firma Dr. August Oetker Nahrungsmittel KG hat einen Abend gestaltet und die Veranstaltung finanziell unterstützt. Der Gourmetservice Rungis-Express, die Weinhandlung »In Vino« und die Sektkellerei Henkell & Co. haben mit den notwendigen Zutaten und Getränken zum Gelingen beigetragen. Die Firmen Kristallglasfabrik Spiegelau GmbH, Silit-Werke-GmbH & Co. KG und M. H. Wilkens & Söhne haben Geschirr, Gläser und Bestecke gesponsert. Last but not least hat der Gitarrist Vivan Bhatti für die musikalische Eröffnung der einzelnen Abende gesorgt. Allen sei an dieser Stelle noch einmal herzlich gedankt.

Bielefeld, im Mai 2005

Kochbücher – eine Kochschule für Anspruchsvolle?

KOCHBÜCHER – EINE KOCHSCHULE FÜR ANSPRUCHSVOLLE?

Wolfram Siebecks erstes Kochbuch markiert den Beginn einer kulinarischen Revolution in Deutschland. Sein Titel »Eine Kochschule für Anspruchsvolle« signalisiert hoch gesteckte Ziele: Die Fähigkeiten des Lesers, »kulinarische Qualität zu erkennen«, soll geschult werden. Insbesondere soll er unterscheiden lernen »zwischen dem auch Guten und dem Besseren«. Die Forderung, »nach kostspieligen und schwer zu beschaffenden Zutaten wie Crème double für Saucen, Schalotten anstelle von Zwiebeln und Hühner, die nicht gefroren und nicht wassergekühlt sein dürfen«,

war Programm und stand schon im Vorwort. Das Buch wandte sich »an Zeitgenossen, die im Essen Verfeinerung suchen und dann erst die Sättigung«. Die Feststellung, das Essen war gut, denn ich bin satt, sollte nicht mehr ausreichen, um ein vorzügliches Mahl zu beschreiben. Mit dem Erscheinen dieser Kochschule haben die deutschen Esser ihre Unschuld verloren, wurden aus dem vermeintlichen Paradies ihrer großmütterlichen Küche vertrieben. Stattdessen lockte eine neue, bisher unbekannte Welt des Genusses. Wurstebrei und Sauerbraten gehörten von jetzt ab der Vergangenheit an. An der ersten Rehterrine wurde zwei Tage lang geschuftet. Schon deshalb musste sie schmecken. Den passenden Wein dazu zu finden, war

nicht einfach; der Preis hierfür hat den kulinarischen Entdeckungsreisenden für Sekunden den Atem verschlagen. Neugierig geworden auf weitere Kochabenteuer, scheute man weder Zeit noch Mühe, noch die Kosten für die Zutaten. Wir waren anspruchsvoll geworden, und Siebecks Kochbuch wurde uns zum Wegweiser in die »Küche der Freuden« – in das Labor der Lüste.
Das war vor fast dreißig Jahren. Seither wurde Wolfram Siebeck nicht müde, neue Kochbücher zu schreiben und als Journalist uns teilhaben zu lassen bei seinen Reisen durch die Sterneküchen Europas. Er wurde damit zum Vorreiter einer Bewegung, die sich vehement gegen die Genussfeindlichkeit unserer Kultur und gegen die Bereitschaft, sich mit Minderwertigem zufrieden zu geben, wehrt. Doch der Überfluss an industriell produzierter Fertigkost, fördert die Bereitschaft, auf Qualität zu verzichten.

Denn Überfluss verdeckt das Besondere und erzeugt Mittelmaß, Genuss erfordert, dem Herausragenden seine Aufmerksamkeit zu schenken. Wie aber findet man das Außergewöhnliche, wenn es im Überfluss des Gewöhnlichen verschwindet? Man geht am Besonderen vorbei, wenn nicht entsprechende Kenntnisse und Erfahrungen den Blick schärfen. Ohne Mühe erreicht man auch beim Genuss nur Mittelmaß.
Wie kann man sich gegen die Gleichmacherei einer globalisierten Gesellschaft wehren, wie kann man sich dem künstlichen Einheitsgeschmack industriell gefertigter Produkte widersetzen? Hier hilft nur der Protest, der Boykott. Man kann dem Schund nur entgehen und damit seine Lebensqualität verbessern, wenn man aktiven Widerstand leistet. Leicht gerät man dabei ins gesellschaftliche Abseits. Denn die Lust am kulinarischen Genuss hat keinen praktischen Nutzen, sie schenkt nur flüchtige Eindrücke, und das ist keine Empfehlung in den Augen einer materialistisch orientierten Gesellschaft. Die Leidenschaft für verfeinertes Essen und Trinken sollte in einer Gesellschaft aber ebenso ein Kennzeichen von Kultur sein wie technische Perfektion, künstlerische Ausdruckskraft oder wissenschaftliche Fantasie.

Vieles hat sich seither getan. Vieles, was vor dreißig Jahren noch unbekannt war, bekommt man heute auf lokalen Märkten. Firmen wie Petit Rungis liefern frische Produkte in Spitzenqualität aus aller Welt auch in private Küchen. Kochbücher haben Konjunktur und liefern die Rezepte, mit denen sich die »Gaben der Natur« zubereiten lassen. Wer als Feinschmecker gelten will, hat mindestens ein Dutzend davon. »Kochen wie in der Toskana« ist meist dabei.
Aber auch »Essen und Trinken« und andere Lifestyle-Magazine signalisieren über ihre Auflage, wie groß das Interesse am gehobenen Genuss geworden ist. Die Ansprüche sind gestiegen. Die Kochschule für Anspruchsvolle hat ihre Wirkung nicht verfehlt.

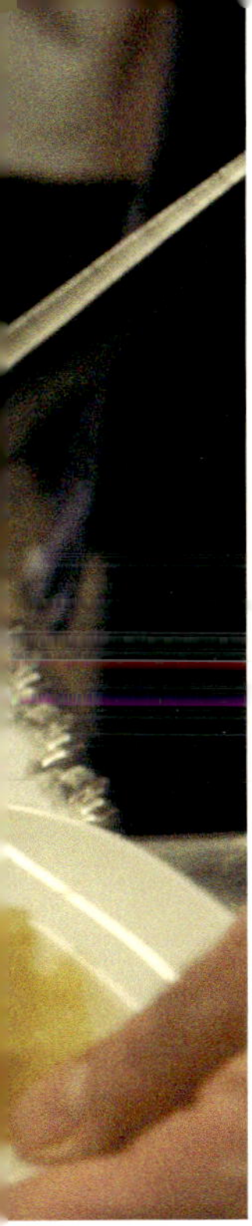

MENÜ: SIEBECKS HIGHLIGHT (NACH HANS-ACHIM VON STOCKHAUSEN):

- **Bonbons mit Branade vom Stockfisch**
- **Gurkensuppe mit frischem Lachs**
- **Blumenkohl mit Safran**
- **Daube Provençale**
- **Ananaskompott mit Ingwer**

Rezepte

Bonbons mit Branade vom Stockfisch

Zutaten (für 4 Personen):

Menge	Einheit	Produkte
300	g	getrockneter Stockfisch
1–2	Stck.	Pellkartoffel
3	Stck	Knoblauchzehe
100	ml	Fischfond
100	ml	Sahne
		Olivenöl, Pfeffer, Zitronensaft
4	Stck.	Tomaten
20	g	Brandade pro Bonbon

Filoteig 16 x 18 cm
6 Stck. pro Blatt

Zubereitung

Den Stockfisch, der zuvor etwa 24 Stunden gewässert (wenigstens zweimal gewechseltes Wasser) worden ist, in handgroße Stücke schneiden. In einem Topf mit halb Milch und Wasser, Thymian und Cayennepfeffer zum Kochen bringen. Ca. 30 Minuten sieden lassen, danach in einem Sieb abtropfen und die Gräten entfernen.

Die Knoblauchzehen in feine Würfel schneiden, mit dem Fischfond vermischen und mit dem Stabmixer pürieren.

In einem großen, möglichst gusseisernen Topf etwas von dem Olivenöl zum Sieden bringen. Den Stockfisch hinzugeben und sofort mit heftigem Rühren beginnen. Allmählich die kochende Sahne, den Rest des Olivenöls und den Fischfond und die pürierten Kartoffeln unterrühren. Schließlich mit Pfeffer, Salz und Zitronensaft abschmecken.
Die Tomaten abziehen und die Kerne entfernen, erbsengroß schneiden und in etwas Olivenöl kurz anschwitzen und mit Salz, Pfeffer und evtl. mit etwas Basilikum abschmecken.

Den Filoteig aufrollen und pro Blatt 6 rechteckige Stücke schneiden (ca. 16 x 18 cm). Die Blätter mit einem feuchten Tuch geschmeidig halten. Pro Blatt 20 g Brandade fingerdick verteilen, zu einer kleinen Wurst rollen und die Enden wie ein Bonbon drehen. Die Bonbons auf ein gebuttertes Blech legen und ca. 10 Minuten bei 180 °C im Ofen garen. Mit dem Tomatenkompott servieren.

Gurkensuppe mit frischem Lachs

Zutaten (für 4 Personen):

Menge	Einheit	Produkte
2		Gurken
500	g	frischer Lachs
1	l	ungesalzene Hühnerbrühe
100	g	Sahne
1	EL	Dill
		Saft einer halben Zitrone
1/2	TL	Curry
		Butter
		Salz

Zubereitung

Die Gurken schälen, halbieren und die Kerne mit einem Löffel entfernen. In kleine Würfel schneiden. Gut 500 g klein gewürfelte Gurken passen auf knapp 1 Liter Brühe.

1 EL Butter in einem Suppentopf schmelzen, die Gurkenwürfel darin anschwitzen, mit der ungesalzenen Hühnerbrühe aufgießen und gar ziehen lassen. Das dauert ca. 10 Minuten. 5–6 Löffel der klein geschnittenen und geschmorten Gurkenwürfel sollte man schon nach 2–3 Minuten herausnehmen, damit sie später noch etwas Biss haben. Mit etwas Salz abschmecken.

Das Stück Lachs sorgfältig enthäuten, dabei die tranigen Stellen entfernen sowie die weißlichen, fettdurchzogenen Seitenlappen abschneiden. Der frische Lachs sollte in relativ dünne Scheiben (ca. 4–5 mm) geschnitten werden und ist evtl., bevor er in die Suppe kommt, etwas zu salzen und zu pfeffern.

Die Suppe im Topf mit dem Mixer pürieren und die am Anfang entfernten Gurkenstücke wieder hineingeben. Die Sahne und den Saft der halben Zitrone dazugießen. Vorsicht mit der Zitrone! Es sollte der Saft von max. einer nur knapp halben, nicht sehr großen Zitrone genommen werden. Salzen und mit ungefähr 1/2 TL Curry abschmecken. Den gehackten Dill einstreuen. Sobald die Suppe nicht mehr kocht, können die Lachsstücke hineingegeben werden, und fast umgehend (max. 1 Minute später) kann sie auf Teller verteilt werden.

Blumenkohl mit Safran

Zutaten (für 4 Personen):

Menge	Einheit	Produkte
1		Blumenkohl
		Salz
		Saft einer Zitrone
		Butter
		Safranpulver

Zubereitung

Der Kohl wird so zerteilt, daß nur die einzelnen Röschen von der Größe einer Haselnuss übrig bleiben.

Dem gesalzenen Kochwasser den Saft einer Zitrone beigeben und die Röschen ca. 10 Minuten kochen. Sofort abgießen, mit kaltem Wasser abbrausen und abtropfen lassen. Der Blumenkohl kann so schon Stunden vorher vorbereitet werden.

Kurz vor dem Anrichten in einem Topf ein kleines Stück Butter schmelzen und eine Messerspitze Safran darin auflösen. Die Röschen hinzugeben und schütteln bis sie warm sind und Farbe angenommen haben. Zum Servieren die Röschen in einer ausreichend großen Kasserolle nebeneinander anrichten.

Daube Provençale

Zutaten (für 8 Personen):

Menge	Einheit	Produkte
200	g	gewürfelter, grüner Speck
2	kg	Rindfleisch
1	Stck.	Karotte
1	Stck.	Lauch
2	Stck.	Zwiebeln
4		Knoblauchzehen
3		Lorbeerblätter
3	Zweige	Thymian
1	Zweig	Rosmarin
		schwarze Oliven
1	Fl.	kräftiger Rotwein
4		Tomaten
		Olivenöl
		Salz/Pfeffer

Zubereitung

Die Gemüse putzen und nicht zu klein schneiden. Die Knoblauchzehen halbieren. Das Fleisch von allen Sehnen und Häuten befreien und in größere Würfel schneiden. Die Zwiebeln hacken und die Tomaten enthäuten. Das Gemüse sollte nicht zu grob, aber auch nicht zu fein geschnitten werden.

Fleisch und Gemüse kommen zusammen mit den Gewürzen und einigen Oliven in eine Schüssel und werden vollständig mit Wein bedeckt. Einen Schuss Olivenöl hinzugeben und für mindestens 12 bis höchstens 48 Stunden in den Kühlschrank stellen. Von Zeit zu Zeit umrühren. Vor dem Anbraten die Fleischwürfel aus der Marinade nehmen und mit Hilfe von Krepppapier so gut wie möglich trocknen. In einer großen Pfanne die Würfel in rauchend heißem Olivenöl portionsweise rundherum anbraten, bis sie von allen Seiten Farbe annehmen. Vorsicht, es wird dabei auch bei gewissenhafter Trocknung spritzen! Während des Anbratens kräftig mit Salz und Pfeffer würzen.

Das Fleisch mit einem Schaumlöffel aus der Pfanne heben und in einen schweren Schmortopf oder eine hohe, ovale Steingutform mit Deckel legen, wie man sie auch für Terrinen benutzt.

Die 4 enthäuteten Tomaten vierteln und in die heiße Pfanne geben. Das Gemüse und die Kräuter aus der Marinade entfernen und dazugeben. Alles kurz anschwitzen und dabei die Pfannen ständig rütteln, damit nichts anbrennt.

Ein Glas Marinade dazugeben, mit einem Holzlöffel den Bratensatz losschaben und alles zusammen über das Fleisch gießen und mit dem Rest der Marinade aufschütten, bis das Fleisch fast bedeckt ist. Den gewürfelten Schinken dazugeben. Deckel darauf und in den auf 90 °C–100 °C vorgewärmten Backofen, wo jetzt die lange Zeit des Schmorens beginnt.

Nach etwa einer Stunde einmal durchrühren und den Schmorsaft abschmecken: nach Geschmack mit etwas Salz, Pfeffer oder durchgepresstem Knoblauch nachwürzen. Nach rund fünf Stunden ist das Fleisch weich.

Den Schmorsaft vorsichtig in eine Kasserolle abgießen und auf starker Flamme etwas einkochen. Vielleicht noch etwas nachwürzen, ein halbes Glas Wein dazu, wieder einkochen: Es soll keine dicke Sauce entstehen, deshalb keine Butter oder Crème fraîche verwenden.

Den Schinken, Lorbeerblätter, Rosmarin- und Thymianzweige aus dem Schmortopf herausnehmen und die Sauce aus der Kasserolle über Fleisch und Gemüse gießen. Auf tiefen Tellern anrichten.

Ananaskompott mit Ingwer

Zutaten (für 4 Personen):

Menge	**Einheit**	**Produkte**
1		mittelgroße Ananas
50	g	frischer Ingwer
1/2	TL	Orangenmarmelade
1/2	Tasse	Wasser
		evtl. Zucker

Zubereitung

Von der Ananas die Rinde mitsamt den Augen entfernen. Die Ananas mit einem schweren Messer oder einer Küchensäge quer in Scheiben schneiden. Die Scheiben sollten nicht wesentlich dicker als 1 cm sein. Dann die Scheiben halbieren und das harte Mittelstück halbrund ausschneiden. In mundgerechte Stücke zerteilen.

Von der frischen Ingwerwurzel ein ca. walnussgroßes Stück abschneiden, vorsichtig schälen, in sehr feine Scheiben schneiden und die wiederum in dünne Späne. Den Ingwer mit den Ananasstücken vermischen, 1/2 Tasse Wasser und 1/2 TL Orangenmarmelade dazugeben, zum Kochen bringen und ungefähr 30 Minuten zugedeckt köcheln lassen. Ist die Ananas zu sauer, mit 1 TL Zucker nachsüßen. Vor dem Servieren etwas abkühlen lassen.

Die industrielle Produktion von Geschmack

DIE INDUSTRIELLE PRODUKTION VON GESCHMACK

In den Forschungs- und Entwicklungslabors der Nahrungsmittelindustrie werden die Produkte entwickelt, die – glaubt man den Bildern der Fernsehwerbung – sowohl den Hunger einer aufgeweckten Kinderschar stillen, als auch das romantische Dinner zu zweit zum Erfolg werden lassen. Fischstäbchen, Chickennuggets oder Pizza Quattro Stagioni als moderne Glücksbringer? Die Palette der Angebote reicht von Zutaten, die das Kochen erleichtern und den Geschmack verbessern sollen, bis hin zu fertigen Menüs, die nur noch warm gemacht werden müssen, bevor sie zu Tisch gebracht werden können.

Für die Firma Dr. August Oetker Nahrungsmittel KG in Bielefeld liegen die Wurzeln im Hinterzimmer der Aschoffschen Apotheke. Dort machte 1890 Dr. August Oetker seine ersten Versuche, in langen Versuchsreihen ein Backpulver zu entwickeln, das das Kuchenbacken für die Hausfrau sowohl einfach als auch erfolgreich machen sollte. Schon um die Jahrhundertwende wurde aus dem Hinterzimmer ein Labor, in dem neue Rezepturen entwickelt und neue Produkte hergestellt werden konnten. In der ebenfalls zu dieser Zeit gegründeten Versuchsküche wurden die im Labor entwickelten Produkte auf ihre Qualität und ihren Geschmack gestestet.

Zehn Jahre später erschien das erste Rezeptblatt und nach einem weiteren Jahr wurde das erste Schulkochbuch veröffentlicht, in dem die interessierte Hausfrau »gelingsichere« Rezepte unter Verwendung der hauseigenen Produkte finden konnte. Inzwischen ist die Firma Dr. Oetker zu einem führenden Unternehmen der Nahrungsmittelindustrie geworden, das sich nicht mehr nur auf Backpulver und Pudding beschränkt. Neue Produkte, vor allem im Bereich Tiefkühlkost, bestimmen heute das Angebot. Das Labor ist geblieben, nur größer ist es geworden und neue Aufgaben sind hinzugekommen – neben der Qualitätskontrolle die Entwicklung neuer Produkte. Denn neue Produkte entstehen nicht von selbst. Sie werden in Forschungslabors entwickelt. Wie in anderen Bereichen der Industrie ist das auch hier keine einfache Aufgabe. Neue Produkte müssen nicht nur »technisch« gelingen – die Pizza muss knusprig, der Kuchen locker werden und beide müssen schmecken – sie müssen sich auch auf dem Markt durchsetzen, sie müssen gekauft werden. Das ist nicht immer einfach, denn eine Pizza, die deutsche Gaumen erfreut, kann zum absoluten Flop in Frankreich werden.

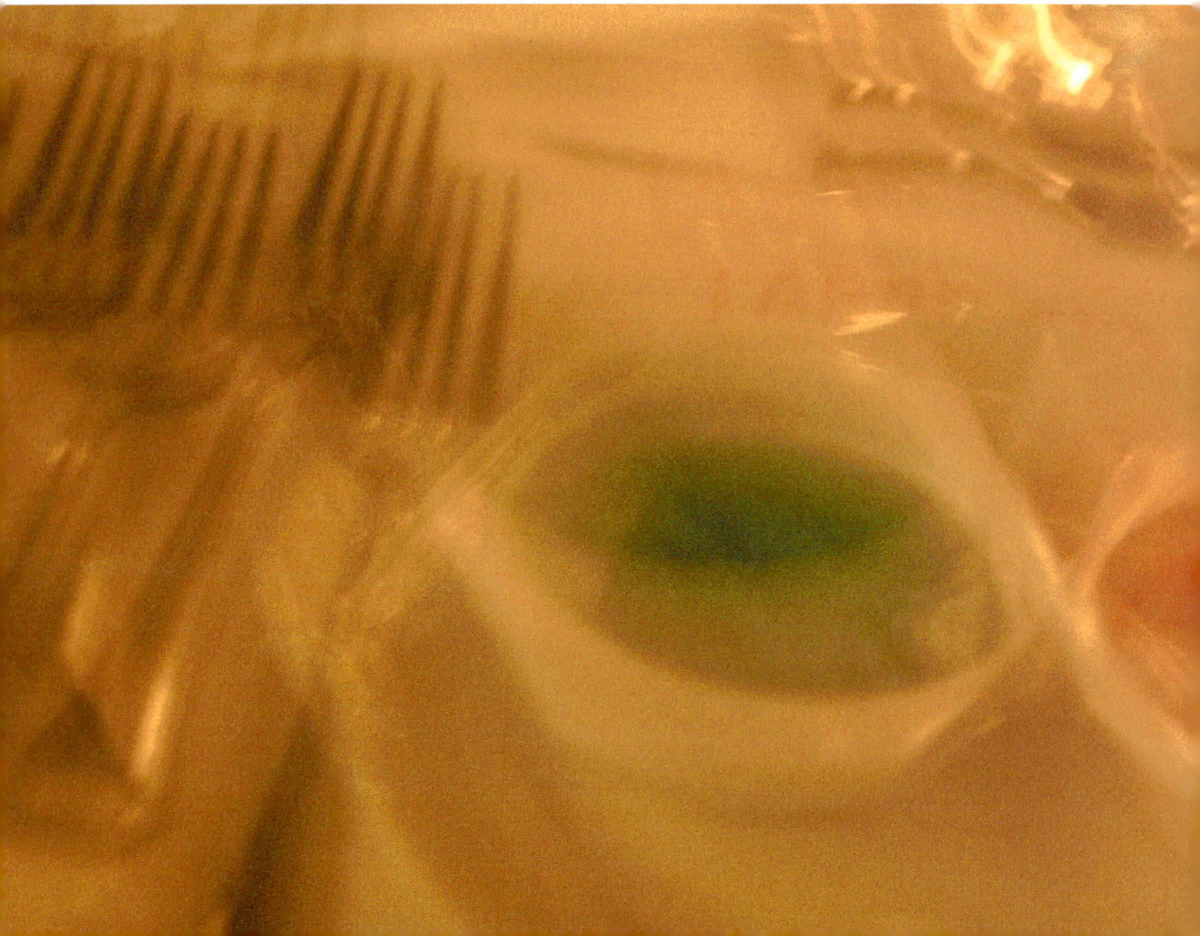

Wissen muss produziert werden, nicht nur, wie etwas gelingt, sondern auch wie es schmecken muss in den verschiedenen Geschmackskulturen dieser Welt. Denn nur was schmeckt, wird auch gekauft. Und was einmal schmeckt muss immer schmecken. Die Pizza Salami wird zum genormten Produkt, auf dessen Qualität der Kunde vertrauen kann. Das stellt nicht nur Hersteller, sondern auch Zulieferer vor eine harte Aufgabe. Forschungs- und Entwicklungslabors in der Nahrungsmittelindustrie sind die Innovationszentren, die ständig Neues entwickeln, aber auch Bewährtes pflegen. Sie loten aus, was beim Sehen, Riechen und Schmecken beim Kunden ankommt.

Es muss nicht

immer Kavia

Kochen in de

ein –

Literatur

ES MUSS NICHT IMMER KAVIAR SEIN – KOCHEN IN DER LITERATUR

Es muss nicht immer Kaviar sein. In Johannes Mario Simmels gleichnamigen Roman über den Spion, Lebemann und Frauenhelden Thomas Lieven spielen Kochen und Essen eine zentrale Rolle. Einträgliche Geschäfte werden beim Kochen gemacht, die schönsten Frauen nach dem Essen verführt. Simmels Roman vom Tausendsassa Thomas Lieven ist nicht das einzige Buch, in dem Kochen und Essen zum Thema werden.

Schon in den Märchen wird gekocht und gegessen – meist geht es dabei sehr ruppig zu. Der Wolf frisst zuerst die Großmutter und dann das Rotkäppchen. Mit dem von diesem mitgebrachten Kuchen und Wein schließt er das frugale Mahl. Auch sechs der sieben Geißlein werden vom Wolf mit Haut und Haaren gefressen. Hänsel und Gretel naschen vom Knusperhäuschen. Von der Hexe ertappt und ins Haus gelockt, wird die Gretel zur Dienstmagd und der Hänsel gemästet, um als Sonntagsbraten die Tafel zu bereichern. Nicht immer geht es beim Essen so finster und brutal zu. Der Traum vom Essen ohne Ende ist oft Thema der Erzählungen. Wer wäre nicht gern im Schlaraffenland, auch wenn man sich zuerst durch einen riesigen Berg aus Brei essen muss. Und wer hätte nicht gern das Tischlein deck dich, das, ohne zu ermüden, rund um die Uhr Köstlichkeiten aus aller Welt serviert. Viel früher als in den Märchen

benutzen die Mythen der verschiedensten Kulturen das Essen als Metapher für die Einverleibung von Welt. Beim rituellen Verzehr von Fleisch und Blut getöteter Feinde geht deren Kraft angeblich auf den Sieger über. Deshalb ist es wichtig, tapfere und starke Feinde zu besiegen. Feiglinge und Schwächlinge helfen nicht weiter und werden deshalb auch nicht gegessen. Lediglich verstümmelt soll ihnen der Eintritt ins Paradies oder in die ewigen Jagdgründe verwehrt werden.
Literarisch findet man den Hinweis auf solche Mythen der Einverleibung des Besiegten immer wieder. In einer Novelle von Boccaccio serviert der betrogene Ehemann das Herz des Liebhabers seiner Frau, die, nachdem ihr die wahre Herkunft der Speise mitgeteilt wird, sich selbst entleibt. Im Film von Peter Greenaway »Der Koch, der Dieb, seine Frau und ihr Liebhaber« serviert der Koch am Schluss den Liebhaber mit Schokolade überzogen. Nicht immer enden die Geschichten so blutig, aber die Botschaft ist immer gleich: Man ist, was man isst.
Essen hat oft auch liturgische Bedeutung. Beim Abendmahl verwandelt Jesus im Kreise seiner Jünger Brot und Wein in sein Fleisch und Blut und bietet beides mit den Worten an: Esst, denn dies ist mein Fleisch, trinkt, denn dies ist mein Blut. Bei Johannes heißt es: Wer mein Fleisch isst und mein Blut trinkt, bleibt in mir und ich in ihm. Durch die Feier der Eucharistie geht die Kraft über, auf die, die an sie glauben.

Viele Gleichnisse in der Bibel drehen sich um Nahrungsmittel: Der Apfel im Paradies, der Himmel der Mana regnen läßt oder die Speisung der 5000 sind Beispiele.
Über die Kochkünste der Romanhelden lässt sich in der Regel streiten. Nicht immer treffen sie unseren Geschmack. Macbeths Hexen brauen einen ungenießbaren Teufelstrank, der beim Verfluchen des Königs während der Nacht als Stärkung dienen soll. Grass serviert in seinem Roman »Der Butt« Deftiges: »bevor gezeugt wird, gibt es Hammelschulter zu Bohnen und Birnen, weil Mitte Oktober«. Allgemein werden Gerichte benutzt, um den sozio-kulturellen Kontext einer Geschichte zu umreißen. Reisebücher benutzen typische Gerichte, um verschiedene Landschaften zu beschreiben. Fontanes »Wanderungen durch die Mark Brandenburg« macht diesen Aspekt deutlich. Oft aber signalisiert die Kochkunst des Helden seine Gaben der Verführung auch auf anderem Gebiet. Der bereits erwähnte Thomas Lieven ist hierfür ein Beispiel.

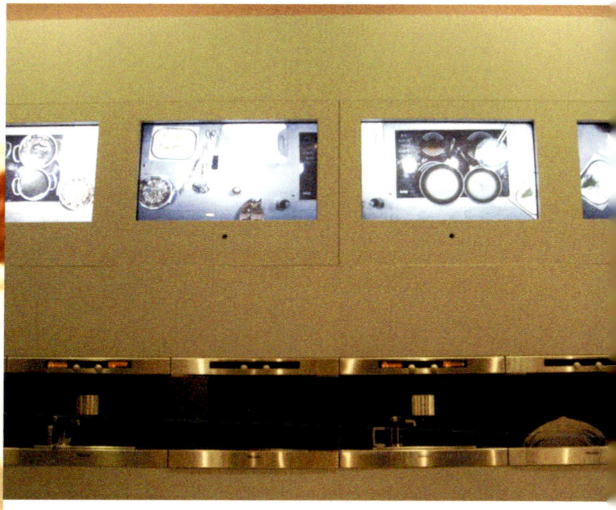

MENÜ: WAS DIE DICHTER SO MÖGEN:

- **Zander-Lachstatar mit Rote-Bete-Salat**
- **Pot au feu mit Wachtelbrust und Wachtelei**
- **Zander auf Champagnerkraut mit Zitronengrasbuttersauce**
- **Wildschweinragout mit beschwipsten Dörrpflaumen**
- **Grießpudding mit Himbeermark**

Rezepte

Zander-Lachstatar mit Rote-Bete-Salat

Zutaten (für 4 Personen):

Menge	Einheit	Produkte
200	g	Zanderfilet
200	g	Lachsfilet
		Saft von 1 Zitrone
30	g	Körnersenf
		Olivenöl, Salz, Pfeffer
200	g	gegarte Rote Bete
1	Stck.	Schalotte
1	dl	Vinaigrette
		Kräuter zum Garnieren

Zubereitung

Die Rote Bete klein schneiden und mit der gehackten Schalotte, Salz, Pfeffer und der Vinaigrette abschmecken.

Den rohen Zander und Lachs in erbsengroße Stücke schneiden. Mit Salz, Pfeffer würzen und mit dem Zitronensaft und Senf vermischen. Ca. 10 Minuten marinieren lassen und dann mit dem Olivenöl fertigabschmecken.

Das Tatar in eine schöne Portionsform wie Halbkugel oder Ring geben und in der Mitte des Tellers anrichten. Den Rote-Bete-Salat drumherum anrichten und mit Schnittlauch oder anderen Kräutern garnieren.

Pot au feu mit Wachtelbrust und Wachtelei

Zutaten (für 4 Personen):

Menge	Einheit	Produkte
6	dl	Wachtelbouillon
4	Stck.	Wachteln
8	Stück	Wachteleier
00	g	Möhren
80	g	Sellerie
60	g	Lauch
40	g	Champignons
40	g	Brokkoli
		Salz, Pfeffer

Zubereitung

Die Wachtelbrüste und evtl. die Wachtelkeulen auslösen. Von den Wachtelknochen plus Geflügelknochen und Wurzelgemüse eine kräftige Bouillon kochen.

Das Gemüse in kleine gleichmäßige Stücke schneiden und in der abgeschmeckten Wachtelbouillon garen und abtropfen.

Die Wachteleier in Essigwasser pochieren und auf einem Tuch abtropfen lassen.

Die Wachtelbrüste mit Salz und Pfeffer würzen und in einer heißen Pfanne anbraten. Das Fleisch, die Wachteleier und das Gemüse in der heißen Bouillon kurz erhitzen und in einem tiefen Teller mit der Bouillon servieren.

Zander auf Champagnerkraut und Zitronengrassauce

Zutaten (für 4 Personen):

Menge	Einheit	Produkte
600	g	Zanderfilet
400	g	Sauerkraut
1	dl	Sekt oder Champagner
2	dl	Sahne
300	g	Zitronengras
2	dl	Fischfond
3	dl	Sahne
150	g	Butter

Zubereitung

Das Sauerkraut wie gewohnt garen und mit dem Sekt/Champagner und der Sahne zum Schluss verfeinern.

Das Zitronengras waschen und klein schneiden. Den Fischfond und die Sahne aufkochen und das Zitronengras hinzugeben. Ca. 10 Minuten köcheln lassen und dann die gekühlte und in walnussgroße Stücke geschnittene Butter nach und nach unterrühren. Dann alles mit dem Stabmixer pürieren. Die Soße passieren, abschmecken und warm stellen.

Die Zanderfilet in der Pfanne mit Olivenöl und etwas Butter bei mittlerer Hitze von beiden Seiten braten.

Das Champagnerkraut in der Mitte des Tellers anrichten. Das Zanderfilet obendrauf legen und die Zitronengrasbuttersauce drumherum gießen. Mit Tomatenwürfeln oder Kräutern garnieren. Dazu passen Salzkartoffeln.

Wildschweinragout mit beschwipsten Dörrpflaumen

Zutaten (für 8 Personen):

Menge	Einheit	Produkte
2	kg	Wildschweinfleisch
500	g	Wurzelgemüse
5	dl	Rotwein
1,5	l	Wildfond
50	g	Wacholderbeeren
500	g	Dörrpflaumen
10	cl	Armagnac
8	cl	Sliwowitz
6	cl	Portwein
12	cl	Rotwein
1/2	Stück	Zitrone
1/2	Stück	Orange
1/2	Stück	Zimtstange
		Salz/Pfeffer

Zubereitung

Die Dörrpflaumen mit dem Alkohol, den Zitrusfrüchten und dem Zimt mindestens 24 Stunden einlegen. Eventuell etwas Rotwein nachgießen, die Pflaumen müssen immer bedeckt sein.

Das walnussgroß geschnittene Wildschweinfleisch (Keule, Schulter oder Nacken) in einem gusseisernen Bratentopf oder Pfanne anbraten. Das Bratenfett abgießen und das erbsengroß geschnittene Wurzelgemüse dazugeben. Mit dem Rotwein und dem Wildfond ablöschen. Die Wacholderbeeren in ein Tuch einbinden und zu dem Ragout geben. Bei schwacher Hitze köcheln lassen. Nach der Hälfte der Garzeit, ca. 60–90 Minuten, 1/3 der eingelegten Dörrpflaumen und der Marinade (ohne Zitrusfrüchte und Zimt) zum Ragout hinzugeben. Das Ragout weiterköcheln lassen. Noch weitere 60–90 Minuten köcheln lassen. Wenn das Fleisch gar ist, es mit Hilfe einer Schaumkelle herausnehmen und beiseite stellen. Die Wacholderbeeren entfernen und den Ragoutfond mit dem Stabmixer pürieren. Die restlichen Dörrpflaumen hinzugeben und alles aufkochen. Sollte das Ragout noch nicht die gewünschte Konsistenz haben, weiter einkochen oder mit Portwein und Mondamin abbinden. Abschmecken und das Fleisch vorsichtig in der Soße erhitzen. Auf tiefen Tellern servieren.

Grießpudding mit Himbeermark

Zutaten (für 8 Personen):

Menge	Einheit	Produkte
1/2	l	Milch
1	Stück	Vanillestange
		Schale von 1 Orange
		Schale von 1 Zitrone
60	g	Grieß
3	Blatt	Gelatine
6	Stück	Eigelb
125	g	Zucker
		1 Prise Salz
1/2	l	Sahne

Zubereitung

Milch, Vanille und die abgeriebene Orangen- und Zitronenschale aufkochen und ca. 60 Minuten ziehen lassen. Erneut aufkochen, den Grieß unterrühren und kurz quellen lassen. Die eingeweichte Gelatine hinzugeben und mit dem Eigelb und Zucker verrühren. Auf 72 °C erhitzen. In einer Schüssel kalt stellen. Wenn die Masse anzieht, die cremig geschlagene Sahne unterheben. In eine Schüssel oder Portionsförmchen umfüllen.

Für das Himbeermark halb Himbeeren und Erdbeeren mit Zucker vermischen und mit dem Stabmixer pürieren und durch ein Sieb streichen.

Zum Servieren den Pudding stürzen und mit Himbeermark anrichten.

Vom Fasten und von der

Völlerei in de

Kunst

VOM FASTEN UND VON DER VÖLLEREI IN DER KUNST

Mit dem Aschermittwoch endet der Karneval, die »Zeit des Fressens und Saufens«, so der deutsche Dichter Johann Jakob Grimmelshausen (1622–1676) und es beginnt für die katholische Bevölkerung die Fastenzeit. Der Aschermittwoch markiert die Grenze zwischen sündhafter Völlerei und bußfertigem Fasten. Dieses Aufeinanderprallen wüster Ausschweifungen und gottgefälliger Beschränkung zeigt Pieter Bruegel der Ältere (1525–1569) in seinem berühmten Bild »der Kampf zwischen Fastnacht und Fasten«. Links der tolle Taumel der Fastnachtsnarren, angeführt von einem Fettwanst als Prinz Fastnacht mit einem Schweinskopf auf einer Turnierlanze. Rechts ein abgezehrter Mönch im Büßergewand. Auf der Backschaufel trägt er, vorgestreckt wie eine Lanze, einen einsamen Fisch als erlaubte Fastenspeise.
Völlerei und Fasten sind zwei Extreme. Zur Völlerei gesellt sich als Kumpan die Fleischeslust – beides Todsünden, die nur durch

ewige Verdammnis gesühnt werden können. Üppige Essenszenen sind deshalb in der Malerei oft im Kontext fleischlicher Lust dargestellt. Essen im bordellähnlichen Ambiente ist ein gängiges Sujet. Fasten dagegen ist Enthaltsamkeit und verweist auf die spirituelle Seite des Lebens. Brot und Wein, später auch der Fisch, symbolisieren in der Kunst diesen Bezug zur christlichen Liturgie.

Das Abendmahl ist über weite Epochen die einzige und insgesamt die am häufigsten dargestellte Essenszene in der Kunstgeschichte. Es dauert lange, bis diese religiöse Überhöhung des Essens dem Alltag gewichen ist und in der niederländischen Malerei weltliche Bilder vom Essen in höfischer Umgebung die Szene prägen. 1599 zeigt Bruegels Bauernhochzeit, dass die Völlerei auch beim Volk angekommen war. Die niederländischen Stilleben des 16. und 17. Jahrhunderts zeigen auf überbordenden Tischen alles, was Wald und Flur zu bieten im Stande waren. Aber nicht alles, was auf diesen Prachtbildern zu sehen ist, war auch auf den Tischen der Bürger zu finden. Über das, was wirklich gegessen wurde, geben eher die Bilder abgegessener Tische einen Eindruck. Dort sind die Reste von Brot, Wein und Käse als Zeugen der damaligen Esskultur zu finden.

In der Kunstgeschichte tritt das Thema Essen erst wieder in der zweiten Hälfte des 20. Jahrhunderts an zentraler Stelle auf. In der amerikanischen Pop-Art wird nicht mehr der Wunsch vom schönen Essen zelebriert, sondern die tägliche Verfügbarkeit von Nahrungsmitteln demonstriert. Dosensuppen und andere Formen von Fertigkost prägen die Leinwände. Fast Food wird zum kulturellen Kennzeichen dieser Epoche. In Europa zelebriert der Wiener Aktionskünstler Herrmann Nitsch rituelle Kreuzigungen von (Opfer)Lämmern und Dieter Roth erfreut sich an vom Schimmel überzogenen Schokoladenbildern. Die »Eat-Art« des Daniel Spoerri inszeniert Essen zum künstlerischen Happening, dessen Spuren, als Bild fixiert, zum Kunstwerk werden. Der abgegessene Tisch als Gleichnis einer aus den Fugen geratenen Welt, ein Gleichnis für den »ganzen Zyklus der Verwesung und Wiedergeburt«.

Neben den vielen opulenten Fressbildern des 16. und 17. Jahrhunderts sind asketische Fastenbilder eher selten. Fasten ist eben nicht so populär wie Fressen. Meist sind die Bilder inszeniert als Kampf des Guten mit dem Bösen. Eine zentrale

Rolle spielt hier der Fisch, meist angeordnet zwischen Brot und Wein. Fasten wird als Waffe gegen die Versuchungen des Teufels instrumentalisiert. Jesus hat in der Wüste 40 Tage gefastet, um den Teufel zu besiegen, und viele seiner Bewunderer haben es ihm später gleichgetan.
Im Lexikon findet man einen Hinweis auf zwei unterschiedliche Definitionen des Fastens; die Enthaltung von jedweder Nahrung oder die Abstinenz gegenüber bestimmten Nahrungsmitteln. In der Praxis des religiös motivierten Fastens spielt der Verzicht auf das Fleisch warmblütiger Tiere an bestimmten Tagen eine große Rolle. Gleichzeitig sollte der bußfertige Sünder bei den Mahlzeiten während der Fastenzeit auf vollkommene Sättigung verzichten. Fische waren als Speise erlaubt, zum einen, weil sie Kaltblüter sind, und zum anderen, weil ihr Fleisch nach der Einschätzung von Thomas von Aquin nur einen geringen Nährwert besitzt.

In der Umsetzung dieser Fastenregeln erwiesen sich die Köche als überaus erfindungsreich. Als Erstes haben sie die Mehlspeisen erfunden. Zubereitet aus Eiern, Mehl und Milch ersetzen sie dem darbenden Fastenden mehr als eine volle Mahlzeit. Wer je Salzburger Nockerln aufgegessen hat, weiß um den Sättigungseffekt solcher Kalorienbomben. Da der Verzehr von Fleisch verboten war, wurden die Maultaschen, die Ravioli, die Pies und alle die anderen Gerichte erfunden, in denen Fleisch, klein gehackt, mit Gemüse vermischt und in einem Teigmantel versteckt, letztlich doch auf dem Tisch der Fastenden für himmlische Genüsse sorgt. Fisch als erlaubte Fastenspeise wurde nicht biologisch definiert. Alles, was im Wasser lebt, war fastenmäßig als Fisch zu betrachten. Das hat den Biber als beliebte Fastenspeise auf den Speiseplan gebracht und die Sumpfschildkröte, die in weiten Teilen Europas beheimatet war, weitgehend ausgerottet.

Nach einem Bericht des Spiegel sterben heute fast genauso viele Menschen an Übergewicht wie an Unterernährung. Übergewichtige Menschen belasten zunehmend die Sozialsysteme. Schönheit und Gesundheit bekommen einen neuen Stellenwert. Fasten hat deshalb heute in den reichen Industrieländern seinen religiös-spirituellen Hintergrund weitestgehend verloren und ist eher zu einer gesundheitlich motivierten Strategie der Gewichtskontrolle mutiert. Allenfalls in Klöstern und von streng gläubigen Personen wird Fasten noch als Form spirituellen Erlebens praktiziert. Nur dort ist ein Hauch seines ursprünglich religiösen Kontextes erhalten geblieben.

MENÜ: FASTENSPEISEN ZUM SCHLEMMEN:

- **Muschelsüppchen mit Safran**
- **Curry-Algen-Crêpe (buddhistische Fastenspeise)**
- **Karpfenfilet aus dem Wurzelsud**
- **Provençalische Stockfischpfanne mit Bratkartoffeln, Oliven, Fenchel und Tomaten**
- **»Arme Ritter« vom Gugelhupf mit Zimteis**

Rezepte

Muschelsüppchen mit Safran

Zutaten (für 4 Personen):

Meng	Einheit	Produkte
1	kg	Miesmuscheln
1/2	l	Weißwein/Muschelsud
4	dl	Créme fraîche
4	EL	Olivenöl
1		fein gehackte Zwiebel
1	Stange	Porree
3		Tomaten
1	Msp.	gemahlener Safran
		Fenchelkraut
4		Eigelb
		Salz
		Pfeffer

Zubereitung

Den Weißwein in einem Topf zum Kochen bringen und die geputzten Muscheln hinzugeben. Den Topf ein paar Mal schwenken und, wenn die Muscheln sich geöffnet haben, diese mit einer Schaumkelle herausnehmen und den Muschelfond passieren.

In einem schweren Topf auf kleiner Stufe 2 EL Öl erhitzen. Zwiebeln und Porree hinzufügen und langsam weich dünsten, aber nicht bräunen. Tomaten, Safran und Fenchel dazugeben. Die Hitze hochschalten und das Gemüse einige Minuten unter Rühren garen, dann den Muschelsud und die Créme fraîche dazugießen. Das Ganze etwa 20 Minuten leise köcheln lassen, bis sich der volle Geschmack entfaltet hat. Mit dem Stab-

mixer pürieren. Mit Salz abschmecken und den Topf vom Herd nehmen.

In einer kleinen Schüssel die Eigelb mit dem restlichen Öl verquirlen und mit Pfeffer würzen. Etwas von der Suppe mit dem Eigelb verrühren. Die Emischung in die Suppe rühren. Den Topf wieder auf den Herd stellen und bei schwacher Hitze einige Minuten rühren, bis sich der Holzlöffel mit einem feinen Film überzieht. Dabei darf die Suppe nicht aufkochen. Das Fenchelkraut entfernen und die Muscheln einrühren. In geeigneten Suppenschalen servieren.

Curry-Algen-Crêpe

Zutaten (für 4 Personen):

Menge	Einheit	Produkte
		Brikteig
		Kartoffeln
1/2		Salatgurke
3		Seetangblätter
		Öl
1/2	TL	Curry
1	Pr	Zucker
1	Pr	Salz

Zubereitung

Den Brikteig halbieren. Kartoffeln und Salatgurke schälen. Die Kartoffeln, die Salatgurke und den Seetang in kleine Würfel schneiden. Das Öl heiß werden lassen, die Kartoffeln 5 Minuten anbraten, die Salatgurke, Seetang, Currypulver, Zucker und evtl. etwas Salz dazugeben. Kurz weiterbraten. Aus dem Wok nehmen und kalt werden lassen. 1 EL der Curryfüllung auf den Teigstücken verteilen, als Dreiecke falten und frittieren oder in der Pfanne braten, bis sie eine schöne goldene Farbe angenommen haben. Sofort servieren.

Karpfenfilet im Wurzelsud

Zutaten (für 4 Personen):

Menge	Einheit	Produkte
1		Karpfen 800–1000 g
80	g	Möhren
80	g	Zwiebeln
60	g	Knollensellerie
80	g	Lauch
2		Petersilienstängel
1		Lorbeerblatt
1	Zweig	Thymian
1	TL	weiße Pfefferkörner
		Salz, weißer Pfeffer
200	nl	Weißwein
500	ml	kräftige Rinderbrühe
100	g	Butter
		Saft 1 Zitrone

Zubereitung

Karpfen ausnehmen, waschen und der Länge nach an der Gräte entlang halbieren. Möhren, Zwiebeln, Sellerie und Lauch putzen, waschen und in 5 cm lange Streifen schneiden.

In die Fettauffangpfanne des Backofens das Gemüse, die Kräuter und Gewürze verteilen, darauf die beiden Karpfenhälften legen und mit Weißwein und Brühe begießen. Im vorgeheizten Backofen bei 180 °C ca. 20. Minuten garen. Die Karpfenhälften ab und zu mit der Flüssigkeit begießen. Inzwischen Butter mit Zitronensaft verrühren und mit Salz und Pfeffer abschmecken. Mit einem Spritzbeutel und Sterntülle die Zitronenbutter auf Pergamentpapier spritzen und kalt stellen. Karpfenhälften und Wurzelgemüse auf einem großen ovalen Teller anrichten. Mit dem Sud begießen und mit Zitronenbutter servieren. Dazu schmecken Salzkartoffeln.

Provençialische Stockfischpfanne mit Bratkartoffeln, Oliven, Fenchel und Tomaten

Zutaten (für 4 Personen):

Menge	Einheit	Produkte
400	g	gegarten Stockfisch
4	Stück	fest kochende Kartoffeln
12	Stück	schwarze Oliven
1/2	Stück	Fenchelknolle
2	Stück	Tomaten
1	Stück	mittelgroße Zwiebel
1–2	dl	Kalbsfond
		gemischter Blattsalat
		Vinaigrette
		Salz/Pfeffer/Olivenöl

Zubereitung

Den Stockfisch, der zuvor etwa 24 Stunden gewässert (wenigstens zweimal gewechseltes Wasser) worden ist, in handgroße Stücke schneiden. In einem Topf mit halb Milch und Wasser, Thymian und Cayennepfeffer zum Kochen bringen. Ca. 30 Minuten sieden lassen, danach in einem Sieb abtropfen, die Gräten entfernen und grob zerpflücken.

Die Kartoffeln in 5 mm dicke Scheiben schneiden, waschen, abtropfen und mit einem Tuch abtrocknen. Später in Olivenöl oder Schmalz braten. Die Oliven vom Stein lösen und vierteln. Die Tomaten pellen, die Kerne entfernen und in 1 cm lange Streifen schneiden. Den Fenchel und die Zwiebel in feine Streifen schneiden.

In einer großen Pfanne Olivenöl erhitzen und den Fenchel und die Zwiebeln gar schmoren, dann die Stockfisch-Stücke, die Oliven und Tomaten hinzufügen. Ein paar Mal schwenken und dann mit etwas Kalbsfond ablöschen. Alles leicht köcheln lassen und evtl. noch Kalbsfond hinzufügen, es soll saftig, aber nicht zu flüssig oder zerkocht sein. Mit Salz/Pfeffer abschmecken und die gebratenen Kartoffeln hinzufügen.

Den Blattsalat mit der Vinaigrette anmachen und in der Mitte des Tellers platzieren. Die Stockfisch-Gemüsemischung um den Salat anrichten.

Armer Ritter vom Gugelhupf mit Zimteis

Zutaten (für 6 Personen):

Menge	Einheit	Produkte
		Hefeteig
4	Stück	Vollei
50	g	Zucker
200	ml	Milch
50	g	Sahne
3	cl	Rum
2	TL	Zimtpulver
		evtl. etwas Mandelmilch
200	g	Vanilleeis oder Zimteis
1/2	l	Vanillesoße
		geklärte Butter zum Braten

Zubereitung

Den Hefeteig wie gewohnt herstellen. In einer klassischen Gugelhupf-Form oder in kleinen individuellen Formen backen. Es kann auch Hefeteig-Kuchen, der übrig geblieben ist, verwendet werden.

Milch, Eier, Zucker, Sahne, Rum und Zimtpulver mit dem Küchenmixer verrühren. Den Gugelhupf in fingerdicke Scheiben schneiden. Die Scheiben oder die kleinen individuellen Kuchen in der Milch-Eiermasse kurz einweichen und dann abtropfen. In der geklärten Butter goldgelb braten. Mit dem Eis und der Vanillesoße servieren.

Das Geheimnis der Spitzenköche – heimische Wildpflanzen Spitzenprodukt

nd Kräuter sowie

ns aller Welt

DAS GEHEIMNIS DER SPITZENKÖCHE – HEIMISCHE WILDPFLANZEN UND KRÄUTER SOWIE SPITZENPRODUKTE AUS ALLER WELT

Es gibt einen neuen Trend bei Deutschlands Spitzenköchen. Sie entdecken die heimischen Wildpflanzen und Kräuter für ihre Gerichte. Diese Zutaten sind nicht nur frisch, denn sie wachsen quasi vor der Tür und müssen nicht von weit her angeliefert werden. Sie sind auch sehr gesund. Wildpflanzen haben, so die Wissenschaft, in der Regel einen zehnmal höheren Vitamin-C-Gehalt als Kulturpflanzen.
Viele Wildpflanzen gelten freilich als Unkraut. Deshalb werden sie meist mit der chemischen Keule bekämpft und selten einfach aufgegessen.
Ihren Geschmack kennen deshalb nur Eingeweihte. Das Löffelkraut, das praktisch in jedem Garten zu finden ist, schmeckt nach Kresse. Der Girsch kann den Staudensellerie oder die Glattpetersilie ersetzen. Als Alternative zum Rhabarber kann der japanische Knöterich für Kuchen und Süßspeisen verwendet werden. Die Vogelmiere wächst selbst im Winter und schmeckt wegen ihres eleganten Nussgeschmacks herrlich im Salat. Bekannter, aber auch als Unkraut wahrgenommen, sind Löwenzahn und Brennnessel. Zusammen mit dem Franzosenkraut,

das kaum wieder aus dem Garten zu vertreiben ist, hat es sich erst einmal angesiedelt, ergeben beide einen köstlichen Salat. Auch die aus Italien in Mode gekommene Rucola – unsere alte Rauke – wächst bei uns wild. Man kann sie in der Regel bereits ab Ostern pflücken.
Wilde Kräuter spiegeln den Lauf der Jahreszeiten wider. Ihre Verwendung in der Küche unterstützt einen Trend in der Spitzengastronomie, saisonale Gerichte zu bevorzugen. Die Speisekarte orientiert sich an den Produkten, die gerade frisch geerntet und auf dem Markt angeboten werden. Aber nicht nur frisch, auch als Pesto konserviert, lassen sich frische Kräuter außerhalb der Saison verwen-

den. Das empfindliche Basilikum und der in Mode gekommene wilde Bärlauch werden heute auf diese Weise haltbar gemacht. Und wem ein Chutney besser als ein Pesto schmeckt, der kann sich in dieser Variante Wildpflanzen auf Vorrat halten.

Lokale Produkte garantieren Frische. Darüber hinaus müssen sie noch weiteren Qualitätsanforderungen genügen. Das Käfighuhn vom Nachbarn mag zwar frisch sein, kann aber das Huhn aus der Bresse nicht ersetzen. Spitzenköche waren schon immer bestrebt, Produzenten in ihrer Nachbarschaft dazu zu bringen, Produkte von höchster Qualität für ihre Küche zu erzeugen. Insbesondere Fleisch sollte aus artgerechter Tierhaltung, ohne Hormone und ohne Wachstumsverstärker sein. Vieles ist hier erreicht worden und lokale Versorgungsnetzwerke sind entstanden. Dennoch kann die Gastronomie, so sie sich vom Gewöhnlichen unterscheiden möchte, nicht auf Spitzenprodukte aus aller Welt verzichten. Zum einen gibt es Gegenden, die bessere Produkte erzeugen, weil einfach die Umweltbedingungen wie z.B. Boden oder Klima besser sind. Der Thymian aus der Provence oder der Rosmarin aus der Toskana, beide sind durch ihre nördlichen Artgenossen nicht zu ersetzen. Austern aus Frankreich schmecken anders als die aus Portugal oder Irland.

Zum anderen gibt es so etwas wie lokale Traditionen mit einem über Generationen gewachsenen Know-how bei der Aufzucht

von Tieren und bei der Kultivierung von Gemüse. Ein Huhn aus der Bresse ist immer noch etwas Besonderes, obwohl es inzwischen in Deutschland Produzenten gibt, die auf Qualität achten. Oft ist auch die Art, wie Tiere geschlachtet werden, entscheidend für deren Geschmack. Bei den Enten aus Rouen und aus Chalon lässt man die Tiere nach dem Töten nicht ausbluten. Das Blut bleibt im Fleisch, was diesem einen ganz besonderen Geschmack verleiht. Diesen Geschmack haben die Barbarie-Enten nicht, obwohl sie zur gleichen Entenrasse gehören. Lokale Kulturen, die über Generationen gewachsen sind, beeinflussen die Qualität und die Besonderheit landwirtschaftlicher Produkte.

Spitzenköche benötigen nicht nur erstklassige Produkte, sondern auch handwerkliches Können und besondere Kenntnisse über die Technik des Kochens. Beides erwerben sie in der Regel während ihrer Ausbildung und während ihrer anschließenden Wanderschaft durch die Küchen der Welt. Ins Zentrum der Aufmerksamkeit ist in letzter Zeit vor allem die Technologie des Kochens gerückt. Sie versucht die Frage zu beantworten: Was passiert beim Braten, Rühren und Kochen? Die Molekulargastronomie hat sich als ein neues Gebiet der angewandten Wissenschaft etabliert. Sie untersucht, welche chemischen und physikalischen Prozesse beim Kochen ablaufen, wie sie beeinflusst und kontrolliert werden können, um beste Ergebnisse, d.h. einen optimalen Geschmack zu erzielen.
Viele der in den Rezeptbüchern festgeschriebenen Angaben zur Technik des Kochens haben dem Blick der Wissenschaft nicht Stand gehalten. Fleisch hat keine Poren, die sich durch scharfes Anbraten schließen. Ob man Suppenfleisch kalt oder heiß aufsetzt, macht keinen Unterschied. Und entgegen allen Ratschlägen aus der Zunft darf der Entenbraten nicht mit kaltem Salzwasser bepinselt werden, um eine krosse Haut zu bekommen. Das Gegenteil ist der Fall: Wasser muss unbedingt vermieden werden, begossen werden soll die Ente, wenn überhaupt, nur mit ihrem eigenen Fett.
Als allgemeine Regel gilt: nicht zu heiß und nicht zu schnell. Eine Lammkeule die bei

80 °C im Ofen fünf Stunden gegart wird, ist zart und saftig. Alle anderen Methoden mögen schneller sein, sind aber keinesfalls besser.
Fleisch, das in der Pfanne kurz gebraten wird, darf nicht zu heiß gebraten werden und muss am Ende mindestens 15 Minuten warm ruhen. Nur so kann sich der durch die lokale Hitze in die Mitte getriebene Saft wieder gleichmäßig verteilen und das Fleisch zum außergewöhnlichen Genuss werden. Und was ein richtiges Herrengulasch werden will, kocht am besten auf kleinster Flamme die ganze Nacht.
Zum Kochen braucht man entsprechende Werkzeuge. Töpfe müssen die Wärme gut leiten können, damit sie gleichmäßig heiß werden. Ein Ofen muss nicht so sehr hohe Temperaturen erreichen, sondern bestimmte Temperaturen – meist sehr niedrige – konstant halten, auch

wenn man mal die Tür aufmacht. Messer müssen nicht teuer sein, aber scharf, und das übrige Handwerkszeug muss nicht stilvoll sein, sondern zweckmäßig. Zierkupfertöpfe eignen sich ebenso wenig zum Kochen wie Designerkochtöpfe, die nicht aus dem richtigen Material sind. Schönheit kann sich mit Funktionalität paaren, ersetzen kann sie diese aber nicht.

Zu guter Letzt ist noch ein gutes Time-Management eine Voraussetzung für gutes Kochen, denn unterschiedliche Zutaten haben unterschiedliche Garzeiten. Damit alles zur gleichen Zeit serviert werden kann, müssen Prozesse mit unterschiedlichen Zeitskalen koordiniert werden. Deshalb gehört die Vorbereitung aller Zutaten zu den wichtigsten Aufgaben. Alles, was man beim Kochen braucht, sollte griffbereit sein, alle Zutaten sollten in Reichweite liegen. Ein gutes »Mise-en-place« ist das Erfolgsgeheimnis eines stressfreien und genussvollen Kochens.

MENÜ: SO KOCHT DER MEISTER:

- **Meeres- und Strandschnecken**
- **Gefüllte Zucchiniblüten**
- **Kräutersalat mit gebratenen Jacobsmuscheln**
- **Gemüsefricassée mit Kalbsbries und Wintertrüffeln**
- **Ziegenkäse-Terrine mit Trockenfrüchten**
- **Dessert aus dem Kräutergarten**
    - **Pot de crème mit Lavendel**
    - **Sorbet von Wildrosen**
    - **Rosmarinmus**
    - **Duftgeranien-Kuchen**

Rezepte

Meereschnecken und Strandschnecken

Zutaten (für 4 Personen):

Menge	**Einheit**	**Produkte**
500	g	Meeresschnecken (Bulot)
500	g	Strandschnecken (Bigorneaux)
200	g	Wurzelgemüse
		Thymian, Lorberblatt
		Salz, Cayenne-Pfeffer

Zubereitung

Mit dem Wurzelgemüse, Wasser und Gewürzen einen kräftigen Sud kochen. Das Wurzelgemüse herausnehmen. Die Schnecken getrennt gut waschen und abtropfen. Als Erstes die Strandschnecken ca. 5 Minuten kochen. Ein paar Schnecken herausnehmen und mit einer Stecknadel das Fleisch herausholen und probieren. Eventuell den Sud nachwürzen und die Schnecken noch 5 Minuten ziehen lassen. Die Strandschnecken herausnehmen und abtropfen. Jetzt mit den Wellhornschnecken genauso verfahren. Nach 15 Minuten die ersten testen, evtl. nachwürzen und je nach Größe noch ca. 10 Minuten kochen. Die Schnecken im Ganzen zum Aperitif servieren. Als Hilfsmittel jedem Esser eine Stecknadel bzw. Hummergabel geben. Ausgelöst können sie auch als Salat oder zum warmen Fischgericht verwendet werden.

Gefüllte Zucchiniblüten mit dreierlei Tapenaden

Zutaten:

Menge	Einheit	Produkte
2–3	Stück	pro Person
30	g	Brandade vom Stockfisch
		Auberginen-Tapenade
		Oliven-Tapenade
		Kichererbsen-Tapenade

Zubereitung

Die kleinen Zucchiniblüten mit ca. fingerlanger Frucht verwenden.

In einen Spritzbeutel die Brandade geben und die gewaschenen Zucchiniblüten füllen. Für Vegetarier kann auch eine Frischkäsefüllung verwendet werden. In einer Pfanne mit Olivenöl oder Butter von allen Seiten anbraten und nur die Zucchini würzen. Auf einem Teller anrichten und die drei Tapenaden hinzugeben.

Auberginen-Tapenade

Zutaten (für 6 Personen):

Menge	Einheit	Produkte
3		mittelgroße Auberginen
1		Knoblauchzehe (junger Knobi)
		Pfeffer, Salz, TL Kümmel
		Olivenöl
1/2		Zitrone
1/2	Bd	Blattpetersilie

Zubereitung

Die Auberginen waschen und der Länge nach aufschneiden. Die Hälften mit der aufgeschnittenen Seite nach oben auf ein Brett legen und mit einem spitzen Messer etwa fünfmal diagonal in beide Richtungen 2 cm tief einschneiden. Zum Wasserziehen mit Salz bestreuen, die Auberginenhälften auf ein Backofengitter mit der aufgeschnittenen Seite nach unten legen und am besten über die Spüle stellen. Nach 1/2 bis 1 Stunde mit Küchenkrepp abtupfen, mit Olivenöl einpinseln und in den Ofen schieben: 5 Minuten Grill, 20 Minuten Umluft bei 220 Grad (oder 30 Minuten Ober- und Unterhitze).

Die Auberginenhälften aus dem Ofen nehmen und abkühlen lassen. Das Fruchtfleisch mit einem Löffel von der Haut lösen, was durch das vorhergegangene Einritzen erleichtert wird. Das noch lauwarme Fruchtfleisch in einen Mixer geben, Pertersilie, Knoblauchzehe, Salz, Pfeffer und gemahlenen Kümmel hinzufügen und etwa 30 Sekunden lang bei hoher Geschwindigkeit mixen.

Umschalten auf langsamere Stufe und 1/2 Glas Olivenöl und den Saft einer 1/2 Zitrone hinzufügen. Noch einige Sekunden mixen. Die Masse in eine Schüssel füllen und ca. 2 Stunden kalt stellen. Dieses Gericht kann ohne weiteres 4–5 Tage im Kühlschrank aufbewahrt werden.

Oliven-Tapenade

Zutaten (für 6 Personen):

Menge	Einheit	Produkte
500	g	schwarze Oliven, entkernt
1/2		Lorbeerblatt
1/2	Zweig	Thymian
3	Stück	Knoblauchzehe
6	Stück	Sardellen
120	g	Kapern
2	EL	Olivenöl

Zubereitung

Die Oliven grob zerhacken. Lorbeerblatt, Thymian, Pfefferkörner und Knoblauch in einem Mörser/Cutter zerdrücken. Zunächst die Sardellen (die zuvor gewaschen oder in Milch gelegt wurden), danach die Kapern und schließlich die grob zerhackten Oliven hinzufügen und das Ganze zu einem Mus verarbeiten. Zum Schluss so viel Olivenöl untermengen, dass eine homogene, cremige Paste entsteht.

Kichererbsen Tapenade

Zutaten: (für 6 Personen):

Menge	Einheit	Produkte
250	g	Kichererbsen
		12 Stunden einweichen und in einem Gemüsefond kochen
15	cl	Olivenöl
6	Stck	Sardellen
2	Stück	Knoblauchzehe

Zubereitung

In einem würzigen Gemüsefond die eingeweichten Kichererbsen garen. Abtropfen und in einem Mixer mit dem Olivenöl, Sardellen und Knoblauch pürieren. Mit Salz, Pfeffer abschmecken.

Kräutersalat mit gebratenen Jakobsmuscheln

Zutaten (für 4 Personen):

Menge	Einheit	Produkte
16	Stück	Große Jacobsmuscheln
2	Stück	Tomaten
200	g	Wurzelgemüse
1	dl	Kalbsfond
		gemischter Salat nach Belieben
		Kräuter und Wildpflanzen
16	Stück	Kartoffelchips
150	g	krause Petersilie
1	dl	Vinaigrette
		Öl zum Frittieren
4–6	EL	Essbare Blüten
		Olivenöl und Butter zum Braten
		Salz/Pfeffer

Zubereitung

Den Salat waschen, schleudern und esslöffelgroß zupfen. Die Kräuter waschen, schleudern und daumennagelgroß zupfen. Das Wurzelgemüse putzen und in streichholzkopfgroße Stücke schneiden. Die Tomaten pellen, von den Kernen befreien und in erbsengroße Stücke schneiden.

Die Petersile waschen, schleudern und bei 160 °C ein paar Sekunden frittieren, abtropfen, salzen und auf einem Küchenkrepp lagern.

Kartoffelchips selbst herstellen oder gute gekaufte verwenden. Die essbaren Blüten beliebig zupfen und bereitstellen.

In einer schweren Pfanne die abgetupften Jakobsmuscheln in einer Olivenöl-Buttermischung, die leicht bräunen darf, von beiden flachen Seiten scharf und kurz anbraten.

Die Muscheln herausnehmen und auf einem Teller zur Seite stellen. Das Wurzelgemüse und die Tomatenstücke in die Pfanne geben, kurz schwenken und mit dem Kalbsfond ablöschen. Die Jakobsmuscheln mit dem entstandenen Saft hinzugeben und bei schwacher Hitze ziehen lassen (2–3 Minuten).

Den Salat und die Kräuter mischen und mit der Vinaigrette anmachen. Auf 4 Tellern je in der Mitte als Bouquet anrichten. Obendrauf die Blüten streuen und einige Kartoffelchips verteilen.

Je 4 Jakobsmuscheln um den Salat platzieren und mit dem Bratensaft nappieren. In die Zwischenräume die frittierte Petersilie legen.

Gemüsefricassée mit Kalbsbries und Wintertrüffeln

Zutaten (für 4 Personen):

Menge	Einheit	Produkte
200	g	Möhren, Sellerie, Kohlrabi
60	g	Brokkoli, Blumenkohl
50	g	Champignon
60	g	Kaiserschoten, grüne Bohnen
40	g	Lauch
160	g	Kalbsbries
4	dl	Sahne
1	dl	Brühe
20	g	Trüffel
1	dl	Trüffelsaft
		Butter/Salz/Pfeffer

Zubereitung

Das Wurzelgemüse mit einem Kugelausstecher erbsengroß formen. Vom Blumenkohl und Brokkoli kleine Röschen pflücken. Die Champignons in erbsengroße Würfel schneiden. Kaiserschoten und grüne Bohnen halbieren. Lauch 2 mm dick in halbe Ringe schneiden. Es können auch oder zusätzlich andere Gemüse verwendet werden wie: Zucchini, Kürbis etc. Das Kalbsbries in erbsengroße Stücke schneiden. Die Trüffel fein hacken. Das Fleisch, jede Gemüsegruppe und die Trüffel getrennt in Gefäßen bereithalten.

Die Butter in einer hohen Pfanne oder Topf leicht bräunen und das Kalbsbries hinzugeben. Mit einem Holzlöffel umrühren und mit Salz/Pfeffer würzen. Das Wurzelgemüse hinzugeben und mit der Brühe ablöschen und aufkochen. Dann die Hälfte der Sahne, den Trüffelsaft und die gehackten Trüffel hinzugeben. Leicht köcheln lassen. Die anderen Gemüse in der Reihenfolge der jeweilig nötigen Garungszeit hinzugeben. Ziel ist, dass alle Gemüse gleichzeitig auf den Punkt gegart sind.

Sollte die Flüssigkeit zu sehr einkochen, etwas Sahne hinzugeben. Die Konsistenz sollte zwischen Suppe und Soße sein. Zum Schluss mit Salz/Pfeffer abschmecken und auf tiefen Tellern servieren.

Ziegenkäse-Terrine mit Trockenfrüchten

Zutaten (für 8 Personen):

Menge	Einheit	Produkte
400	g	Ziegenfrischkäse (Chavroux)
100	g	Puderzucker
100	g	Dörrobst (Apfel, Aprikose, Birne) und
100	g	kleingehackte Nüsse (Haselnüsse, Pistazien, Walnüsse) gemischt
		Saft einer Zitrone
2	Blatt	Gelatine
1	cl	Amaretto
		etwas Vanillearoma
1		Messerspitze Zimtpulver
2	El	Quark

Zubereitung

Den Ziegenkäse mit Quark glatt rühren und die eingeweichte Gelatine dazugeben. Das Dörobst klein schneiden und anschließend mit allen weiteren Zutaten dazugeben und in einer Form, die vorher mit Folie ausgelegt worden ist, gut durchkühlen lassen. Danach stürzen und in ca. fingerdicke Scheiben schneiden. Die Scheiben auf kleinen Tellern anrichten.

Gegebenenfalls kann man dazu eine karamellisierte/pochierte Williamsbirne, ein Rhabarber- oder Birnenkompott mit kandierten Mandeln oder auch Erdbeerpüree etc. reichen.

Pot de creme mit Lavendel

Zutaten (für 4 Personen):

Menge	Einheit	Produkte
280	g	Sahne
3	EL	Milch
3	g	Lavendel
120	g	Zucker
4		Eigelb
80	g	gesiebter brauner Zucker

Zubereitung

Für die Eiercreme: Die Sahne in einem kleinen Topf mit der Milch aufkochen lassen, den Lavendel hineingeben und den Topf vom Herd nehmen. Zudecken und 15 Minuten ziehen lassen.

Den Backofen auf 150 °C (Gas Stufe 1) vorheizen. Vier kleine, hohe, ofenfeste Töpfchen in einen mittelgroßen Bräter oder eine Auflaufform stellen.

Den Zucker und die Eigelbe in einer mittelgroßen Schüssel schaumig schlagen und die Masse dann durch ein feines Sieb streichen. Anschließend nach und nach die Sahne unter die Eimasse schlagen. Die Töpfchen zu drei Viertel mit der Eiercreme füllen.

Den Boden eines Bräters oder einer Auflaufform mit Papier (z. B. Zeitungsseiten) auskleiden, in den Backofen stellen und so viel Wasser hineingießen, dass die Töpfchen zur Hälfte im Wasser stehen. Die Eiercreme 40–45 Minuten im Ofen backen, bis sie gerade gestockt ist. Die Töpfchen aus dem Wasserbad nehmen und die Creme vollständig auskühlen lassen. Die Töpfchen mit frischem Lavendel garnieren und servieren.

Sorbet von Wildrosen

Zutaten (für 1 l Sorbet):

Menge	Einheit	Produkte
450	g	Zucker
600	g	Mineralwasser
125	g	Wildrosen (mehr rot als weiß) Es können auch gut duftende Zuchtrosen genommen werden.
125	ml	Zitronensaft

Zubereitung

Das Wasser und den Zucker zum Kochen bringen. Die Mischung kurz auskühlen lassen und die gewaschenen Rosenblätter dazugeben. Alles in einen Behälter geben und zugedeckt 24 Stunden im Kühlschrank ziehen lassen.

Die Blütenblätter im Sirup mit einem Stabmixer pürieren und durch ein Sieb alles gut ausdrücken. Den Zitronensaft unterrühren und in der Eismaschine gefrieren lassen.

Das Sorbet kann in einem schönen Glas, garniert mit gehackten Rosenblättern, serviert werden.

Rosmarinmus

Zutaten (für 8 Personen):

Menge	Einheit	Produkte
5	dl	Sahne
175	g	Zucker
120	g	frische Rosmarinzweige
4	Stück	Eigelb
4	Stück	Vollei
6	Bl.	Gelatine
250	g	geschlagene Sahne
2	Stück	geschlagenes Eiweiß
15	g	Zucker

Zubereitung

Sahne, Zucker und Rosmarin bis zum Siedepunkt erhitzen, vom Feuer nehmen und etwa eine Stunde ziehen lassen. Dann nochmals aufkochen und durch ein Sieb passieren. Mit den Eiern verrühren und im Wasserbad auf 72 °C erhitzen. Die eingeweichte Gelatine hinzugeben und erkalten lassen. Wenn die Masse anzieht, die geschlagene Sahne und das geschlagene Eiweiß unterheben. In Portionsförmchen füllen und im Kühlschrank erkalten lassen. Zum Servieren stürzen.

Duftgeranien-Kuchen

Zutaten:

Meng	Einheit	Produkte
250	g	Butter
200	g	Zucker
250	g	Vollei
250	g	Mehl
5	g	Backpulver
50	g	Duftgeranien-Blätter

Zubereitung

Von der Butter, Zucker, Vollei, Mehl und Backpulver einen klassischen Rührteig herstellen.

Zum Schluss die klein geschnittenen Geranien-Blätter unterheben und den Teig in einer beliebigen Form backen. Sehr gut eignen sich als Backform auch Einweckgläser, in denen der Kuchen dann zur Haltbarmachung eingekocht werden kann.

„Spaghettis", „Krauts

Kochstile und

nd „Frogs“ –

ulturelle Identitäten

»SPAGHETTIS«, »KRAUTS« UND »FROGS« – KOCHSTILE UND KULTURELLE IDENTITÄTEN

Man kann die Welt nach Würzprinzipien einteilen. Elisabeth Rozin, eine Kulinarhistorikerin, hat das getan. Wo steht Sojasauce oder Olivenöl im Vordergrund, wo Erdnuss oder Zitrone, wo Petersilie oder Dill? Küchen-, Koch- und Essstile gliedern den Raum. In Italien wird mit Olivenöl gekocht, nördlich der Alpen mit Butter. Überall findet man landesspezifische Unterschiede. Dennoch gibt es im strengen Sinne keine Nationalküche. Der Nationalstaat ist eine relativ späte Erfindung des 19. Jahrhunderts. Und wenn etwas zum Nationalgericht erhoben wurde, dann meist aus ideologischen Gründen.

Oft hat ein so genanntes Nationalgericht erst im Ausland Karriere gemacht, bevor es sich zu Hause durchsetzen konnte. So wurde die Pizza erst in den späten 1950er Jahren in Deutschland zum Inbegriff italienischer Kochkunst, bevor sie sich auch in Italien als neue Mode etablieren konnte. Ähnliches gilt für das Chopsuey, das erst in New York zum Paradigma chinesischer Küche avancieren musste, bevor es auch in China auf der Speisekarte seinen festen Platz erhielt.
Noch stärker sind Ideologien am Werke, wenn Gerichte zur negativen Abgrenzung von Nationalitäten eingesetzt werden.

Die Deutschen sind die »Krauts«, die Franzosen die »Frogs« und die Italiener die »Spaghettis«, auch wenn die Speisekarten dieser Länder nicht von diesen Gerichten bestimmt werden. Nationalküchen gibt es also nicht, wohl aber Regionalküchen mit ihren landschaftsspezifischen Gerichten. Schwäbische Käsnudeln unterscheiden sich vom hamburgischen Labskaus und eine den Teller sprengende Sauerkrautplatte mit Fleisch und Würsten gibt es vor allem im Elsass. Oft werden solche regionalen Gerichte von bestimmten Gewürzen geprägt, die in Abhängigkeit vom Boden und vom Klima in den verschiedenen Regionen mit unterschiedlicher Geschmacksintensität wachsen und gedeihen. Der Thymian aus der Provence oder der Rosmarin aus der Toskana, beide sind aromatischer als ihre nördlichen Artgenossen.

Nicht erst seit der Globalisierung driften Ideen um die Welt. Schon früh sind mit den Menschen auch ihre Gerichte in fremde Küchen gewandert. Die schwäbische Maultasche kommt aus Italien – und einige behaupten sogar, Marco Polo hätte sie aus China nach Italien gebracht. Selbst die französische Küche ist ein Import aus Italien, quasi als Hochzeitsgabe an den französischen Hof gebracht von Katharina de Medici. Tempura brachten die portugiesischen Seefahrer nach Japan. Heute verbreitet sich im Zuge der neuen Globalisierung industriell produzierte Einheitsnahrung rund um die Welt. Von der McDonaldisierung ist die Rede und »Hamburger« und »Ketchup« sind die Wegbereiter dieses Prozesses.

Aber nicht nur Gerichte, sondern auch Regeln des Essens dienen der kulturellen und sozialen Ausgrenzung. So ist das Regelwerk für koscheres Essen wohl das älteste Lebensmittelgesetz der Welt. Glaubt man den Experten, sind diese Regeln während der ägyptischen Gefangenschaft entstanden und dienten dazu, in bedrängter Zeit die kulturelle

Identität des Judentums herzustellen und zu stabilisieren. Auch heute noch werden Essensregeln zur sozialen Diskriminierung – positiv wie negativ – benutzt. Die Tischsitten des Bürgertums unterscheiden sich von denen der Arbeiter und Bauern. Während die einen den Fisch nicht mit dem Messer essen, benutzen die anderen dieses Instrument nicht nur zum Schneiden. Kleine Bissen werden aufgespießt und zum Mund geführt. In Assessmentcentern wird die Beherrschung von Hummerzange und Austern-Gabel als Qualifikation für Bewerber auf Stellen im gehobenen Management überprüft.

MENÜ: MAN IST, WAS MAN ISST

- Tomatenessenz mit Frischkäse-Kräuter-Gnoccis
- Austern pochiert auf Lauch mit Champagnerbutter
- Cyber-Hippie´s Chili, Cajun Style
- White Lightnin´ Chili
- Crème brûlèe

Rezepte

Tomatenessenz mit Frischkäse-Kräuter-Gnocchi

Zutaten (für 4 Personen):

Menge	Einheit	Produkte
2	l	Brühe
500	g	Rinderhack (grob)
200	g	Eiweiß
200	g	Wurzelgemüse
1	kg	Tomaten
5	dl	Milch
25	g	Butter
25	g	Olivenöl
200	g	Grieß
2	Stück	Eigelb
150	g	Frischkäse
2	EL	gehackte Kräuter
		Tomatenwürfel/Basilikum

Zubereitung

Das Rinderhack, Eiweiß und klein gehacktes Wurzelgemüse gut vermischen. Die klein geschnittenen Tomaten hinzugeben und die kalte Brühe unter Rühren dazugießen. Bei mittlerer Hitze zum Kochen bringen und ca. 2 Stunden leicht köcheln lassen. Dann vorsichtig durch ein Tuch passieren. Mit Salz/Pfeffer abschmecken.

Für die Frischkäse-Kräuterfüllung den Frischkäse, Kräuter und Eigelb verrühren und mit Salz/Pfeffer abschmecken. Für die Gnocchi die Milch mit der Butter, dem Olivenöl und den Gewürzen aufkochen, den Grieß dazugeben und mit dem Holzlöffel kräftig umrühren, ca. 5 Minuten bei voller Hitze (Brandteig). Den Teig in eine Schüssel geben und die Eigelbe unterrühren. Die Masse abkühlen lassen und zu walnussgroßen Gnocchi formen. Mit einem bleistiftdicken Gegenstand einen Hohlraum in die Gnocchi stechen. Mit einem Spritzbeutel die Frischkäsemasse hineinspritzen und mit etwas Gnocchiteig zustopfen. Die Gnocchi in Salzwasser garen. Die Tomatenessenz in Tassen oder Suppentellern servieren und die Gnocchi mit ein paar Tomatenwürfeln und Basilikum als Einlage hinzugeben.

Austern pochiert auf Lauch mit Champagnerbutter

Zutaten (für 4 Personen):

Menge	Einheit	Produkte
24	Stück	Austern »Fine de claire«
200	g	Lauch
5	dl	Sahne
200	g	Butter
1	dl	Champagner oder Sekt

Zubereitung

Die Austern öffnen und aus der Schale lösen und in einem Topf aufbewahren. Den Lauch der Länge nach vierteln und in 1 cm Stücke schneiden, waschen und abtropfen.

In einem Topf den Lauch mit der Sahne gar kochen. Den Lauch in ein Sieb gießen und die Sahne in einen Topf und bis auf ca. 1 dl einkochen. Dann die in Walnussgröße geschnittene eiskalte Butter unterrühren, ohne zu kochen. Zum Schluss den Champagner dazugießen und mit dem Stabmixer kurz aufquirlen. Mit Salz und Cayennepfeffer abschmecken.
Die gewaschenen und getrockneten Austernschalen auf ein Backblech legen und im Ofen erwärmen. In jede Austernschale ca. 1 EL Lauch geben und wieder in den Ofen schieben. Den Topf mit den Austern und dem Austernwasser zum Kochen bringen. Kurz vor dem Kochen vom Herd ziehen und die Austern mit einer Pinzette herausfischen, so bleiben die Schalensplitter im Austernwasser, und je eine Auster auf die Austernschale mit Lauch legen. Je 6 Austern in einem tiefen Teller anrichten und mit der Champagnerbutter nappieren. Evtl. etwas Schnittlauch hinzufügen.

Cyber-Hippie's Chili, Cajun Style

Zutaten (für 4 Personen):

Meng	Einheit	Produkte
		Schweineschmalz
500	g	Zwiebeln
500	g	Rinderhack
		Export- oder Malzbier
		Cumin
		getrocknete Chilischoten
		Oregano
2	Dosen	Kidneybohnen (ungewürzt)
		Rinderfond
1/2	Tasse	Kaffee
1	Stück	Schokolade
1	Stück	Limette
		Tabascosauce

Zubereitung

Das Schmalz in einem schweren Topf erhitzen. Die Zwiebeln grob hacken, in das heiße Schmalz werfen und glasig werden lassen. Dabei kräftig rühren. Das Fleisch dazugeben und salzen, damit es Saft zieht. Weiter kräftig rühren. Sobald der Saft eingekocht ist mit etwas Bier ablöschen.

Cumin, getrocknete Chilischoten und Oregano mörsern und eine beliebige Menge dieser Chilimischung hinzugeben. Die Kidney-Bohnen abgießen.
Ca. eine Stunde lang köcheln lassen, wenn sich dabei zu wenig Flüssigkeit im Topf befindet, immer wieder etwas Kidney-Bohnen-Flüssigkeit, Bier, Rinderfond und Kaffee hinzufügen. Öfters umrühren.

10 Minuten vor Ende die Schokolade und die Bohnen hinzufügen. Mit Zucker, Limettensaft und Tabasco abschmecken. Dazu schmeckt weißer Reis.

White Lightnin'Chili

Zutaten (für 8 Personen):

Menge	Einheit	Produkte
350	g	Schweinefleisch
350	g	Kalbsfilet
10		frische, grüne und gelbe Chilischoten
1		helle Zwiebel
1	EL	Kümmel
1/2	l	Hühnerfond
250	g	weiße Bohnen
1	EL	Oregano
1/2	TL	Thymian
1		Lorbeerblatt
		Salz
		Pfeffer
		Petersilie
		frisch geschnittene Korianderblätter
		grüne Tabascosauce
		Olivenöl

Zubereitung

Die Chilis entkernen und, ebenso wie die Zwiebel, klein hacken. Das Fleisch in mundgerechte Würfel zerteilen

Öl in einem großen Topf auf mittlere Hitze bringen, Fleisch hineingeben und ca. 7–10 Minuten sautieren, bis es eine leichte, helle Bräune annimmt. Das Fleisch herausnehmen, Chilis und Zwiebeln hinein, rühren bis die Zwiebel glasig wird, aber nicht braun. Den Kümmel dazugeben und 1 Minute weiterrühren.

Das Fleisch wieder hineingeben, Hühnerfond, Bohnen, Oregano, Thymian, Salz, Pfeffer und Lorbeerblatt hinzufügen. Einmal aufkochen, dann etwa 1–1,5 Stunden lang köcheln lassen. Dabei gelegentlich umrühren, bis ein dickes Chili entsteht. Den Lorbeer entfernen, mit Petersilie, Koriander und Tabasco abschmecken und servieren.

Crème brûlée

Zutaten (für 8 Personen):

Menge	Einheit	Produkte
5	dl	Sahne
5	dl	Milch
240	g	Eigelb (12 Stück)
150	g	Zucker
1	Stück	geriebene Orangenschale
1	Stück	geriebene Zitronenschale
		brauner Rohrzucker

Zubereitung

Eigelb und Zucker kurz verrühren. Die Milch, Sahne und Orangen-/ Zitronenabrieb aufkochen. Zur Eigelb-/ Zuckermasse unter Rühren hinzugeben. Abschäumen und in beliebige flache Portionsschälchen 2–3 cm hoch gießen. In ein tiefes Backblech stellen und in die Zwischeräume 1 cm hoch Wasser gießen. Im Ofen bei 160 °C ca. 40 Minuten garen. Wenn die Masse stockt, ist sie gar. Die Förmchen im Kühlschrank kalt stellen. Vor dem Servieren mit braunem Rohrzucker bestreuen und mit dem Bunsenbrenner karamellisieren.

Food-Fotografie – Die schönen von der Lust am Essen

Bilder

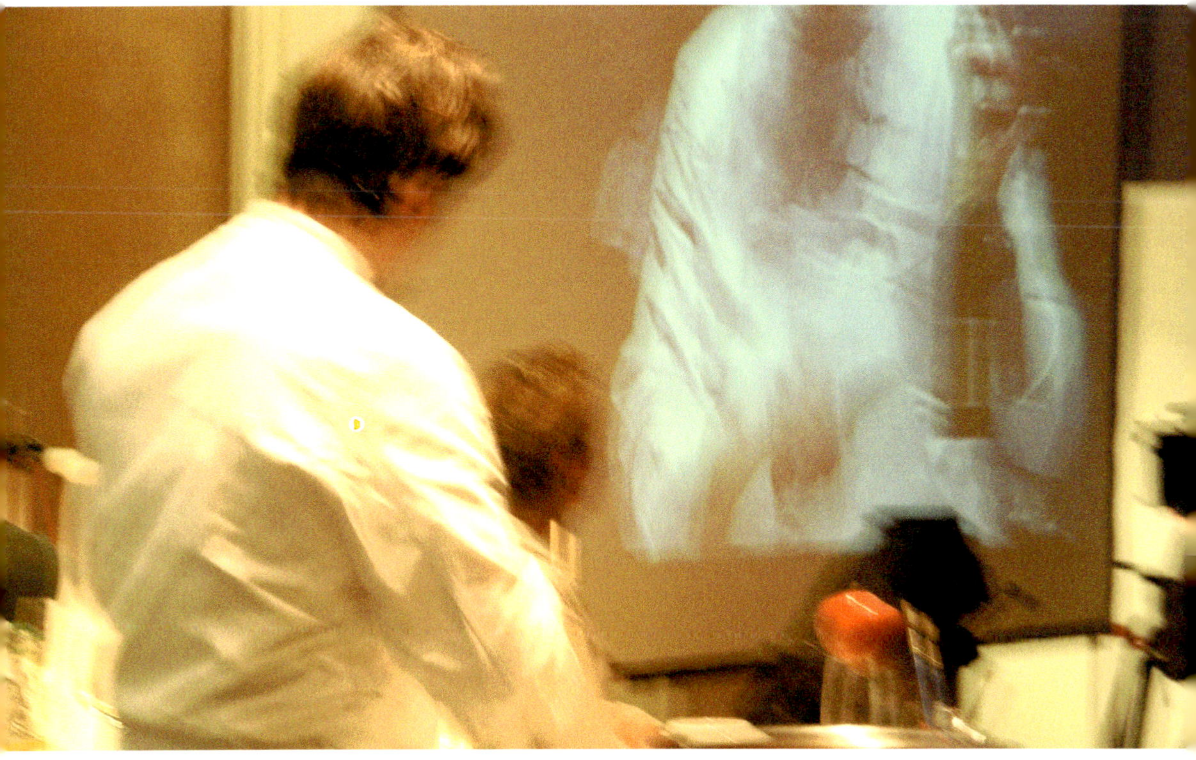

FOOD-FOTOGRAFIE – DIE SCHÖNEN BILDER VON DER LUST AM ESSEN

Bilder vom Essen findet man in den unterschiedlichsten Kontexten. Außer in der Kunst, wo Essen als Motiv eine lange Tradition hat, findet man sie in den Werbebroschüren der Nahrungsmittelindustrie sowie in den Rezeptsammlungen der Kochbücher und Lifestyle-Magazine. Die Nahrungsmittelindustrie will mit diesen Bildern vom Essen nicht nur informieren über das, was in den Tiefkühlpackungen, Suppentüten oder Dosen jeweils enthalten ist, sondern gleichzeitig signalisieren, dass der Inhalt auch schmeckt. Verführerisch und wie vom Sternekoch zubereitet sehen die abgebildeten Gerichte aus. Die Bilder versprechen schnellen Genuss. Und wenn man beim Essen die

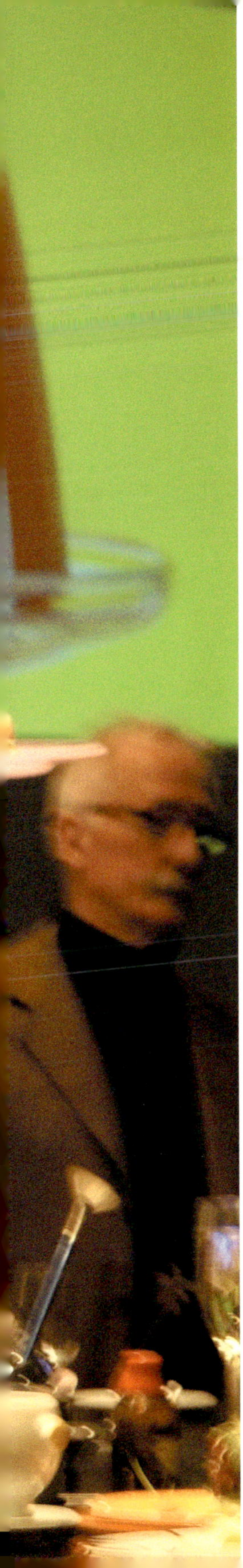

Bilder noch im Kopf hat, kann es durchaus sein, dass man schmeckt, was die Bilder suggerieren – Frische, Exotik und beste Qualität. Die Macht der Bilder bestimmt den Geschmack. Der Orangensaft aus der Dose schmeckt dann wie frisch gepresst.

Die Bilder in den Kochzeitschriften dagegen zeigen frisch zubereitete Speisen. Sie sind Inszenierungen der Lust. Essen wird dem Alltag entrückt und zur besonderen Ausdrucksform einer am Schönen und Besonderen orientierten Gesellschaft. Pinot Grigio wird zum Signet einer gehobenen Lebensart, die Freude am Essen und Trinken zum Ausweis gesellschaftlichen Erfolgs.

In den Kochbüchern der großen Köche werden in verblüffender Einfachheit die raffiniertesten Gerichte in schönen Bildern dargestellt. Diese Bilder demonstrieren handwerkliches Können und kulinarische Überraschung. Sie sind förmlich auf der Zunge zu schmecken und machen Appetit, so etwas zu probieren – nicht unbedingt in der eigenen Küche, sondern in den Restaurants der Chefs. Anders die Kochbücher, die einführen sollen in die hohe Kunst des Kochens. Ihre Bilder suggerieren die Einfachheit der Zubereitung. Sie »erklären« Arbeitsschritte und laden ein, die gezeigten Gerichte nachzukochen. Es gibt etwas für Anfänger und etwas für schon Geübte.

Und auch der fortgeschrittene Hobbykoch mit entsprechender Praxis findet sein Rezept, mit dem er seine Gäste überraschen kann. Food-Fotografen und Food Stylisten produzieren diese schönen Bilder vom Essen. Sie inszenieren Frische und Wohlgeschmack. Sie zeigen uns die makellose Ware von allen Märkten dieser Welt, sie arrangieren die fertigen Speisen kunstvoll auf dem Teller. Alles sieht perfekt aus, alles erscheint im rechten Licht. Dazu braucht es handwerkliches Können, eine perfekte Technik und den Blick fürs Schöne. Vieles, was so natürlich erscheint, ist raffiniert inszeniert. Ein paar Körnchen Zucker in den Champagner und schon perlt er im Glas wie frisch eingeschenkt. Etwas Öl als Make-up und die Speisen glänzen wie frisch gekocht. Und wo gekocht wird, darf der Dampf nicht fehlen. Auch er wird im rechten Moment inszeniert, und schon glauben wir den feinen Duft der getrüffelten Poularde förmlich zu riechen. Die Kunst der Verführung wird hier zum Programm.

MENÜ: WAS SO SCHÖN AUSSIEHT, MUSS AUCH GUT SCHMECKEN:

- **Tafelspitzsülze mit Rucola**
- **Klare Gemüsesuppe mit Tomatenbrot**
- **Gambas im Brikteig mit bunten Linsen**
- **Lachscannelloni**

Rezepte

Tafelspitzsülze mit Rucola

Zutaten (für 8 Personen):

Menge	Einheit	Produkte
1,2	kg	Tafelspitz
300	g	Wurzelgemüse
300	g	Rucola
12–13	BL.	Gelatine
		Thymian, Lorbeerblatt
		Salz/Pfeffer

Zubereitung

Den Tafelspitz in Salzwasser blanchieren, das Wasser weggießen und erneut mit kaltem Wasser langsam aufkochen, abschäumen und das klein geschnittene und gewaschene Wurzelgemüse und die Kräuter hinzugeben. Ca. 2–3 Stunden köcheln lassen. Die Brühe muss klar bleiben, wenn nicht, muß sie geklärt werden (siehe Rezept Tomatenessenz S. 90). Den fertig gegarten Tafelspitz aus der Brühe nehmen und kalt stellen. Die Brühe vorsichtig passieren und das Wurzelgemüse und die Brühe kalt stellen. Am anderen Tag den Tafelspitz quer zur Faser in streichholzdicke Scheiben schneiden. Das Wurzelgemüse klein hacken. Den Rucola waschen und abtropfen. Die Brühe entfetten und davon 1 l vorsichtig erhitzen. Die Gelatine in kaltem Wasser einweichen und zu der Brühe geben. Die Brühe kräftig mit Salz/Pfeffer abschmecken.

Eine beliebige Terrinenform mit Klarsichtfolie auslegen, so dass noch Folie über den Rand hängt. Jetzt in die Terrine schichtweise die Tafelspitzscheiben, das Wurzelgemüse und den Rucola legen. Zwischendurch immer etwas Brühe angießen. Jede Schicht sollte so dick wie die Tafelspitzscheiben sein. Wenn die Terrine voll ist, die überhängende Klarsichtfolie nach innen schlagen und die Terrine mindestens 4 Stunden kalt stellen. Zum Stürzen die Terrine an den Außenseiten kurz mit warmem Wasser abspülen und auf ein passendes Schneidebrett stürzen. Die Klarsichtfolie entfernen und die Sülze in fingerdicke Scheiben schneiden. Mit Salat und Kräutercreme servieren.

Klare Gemüsesuppe mit Tomatenbrot

Zutaten (für 6 Personen):

Menge	**Einheit**	**Produkte**
1,2	kg	fertig geputztes Gemüse wie: Möhren, Sellerie, Kohlrabi Lauch, Wirsing, Kartoffeln, grüne Bohnen, Kaiserschoten, Zwiebeln
300	g	Tomaten
2	Stück	zerdrückte Knoblauchzehe
3	EL.	gehackte Petersilie
50	g	Butter oder Olivenöl
1	Stück	Tomaten-Baguette
		Thymian, Lorbeerblatt
100	g	geriebenen Emmentaler
		Salz/Pfeffer

Zubereitung

Das Gemüse waschen und schneiden. In der klassischen Küche wird das Wurzelgemüse streichholzdick in Rauten geschnitten (en paysanne), der Lauch in Halbkreise, die Zwiebeln in Würfel und die Bohnen und Kaiserschoten in kleine Stücke.

In einem Topf die Butter oder Olivenöl schwach erhitzen und die geschnittenen Gemüse ca. 5 Minuten anschwitzen, ohne dass sie Farbe nehmen. Die Tomaten erbsengroß schneiden, den Knoblauch und die Kräuter hinzufügen. Mit 2,5 l Wasser aufgießen und ca. 50 Minuten köcheln lassen. Wer möchte, kann etwas durchwachsenen Speck im Stück mitkochen.

Nach 50 Minuten die Kartoffeln, die grünen Bohnen und die Kaiserschoten hinzufügen und noch 30 Minuten weiterköcheln lassen. Den Speck herausnehmen, in kleine Stücke schneiden und wieder zur Suppe geben. Das Baguette in fingerdicke Scheiben schneiden und im Backofen oder Toaster rösten.

Die Suppe mit Salz/Pfeffer abschmecken und mit den Baguettescheiben und Käse à part servieren.

Gambas im Brikteig mit bunten Linsen

Zutaten (für 4 Personen):

Menge	Einheit	Produkte
8		Gambas
		Salz/Pfeffer
1	TL	gehackte Kräuter
8	Bl.	Brikteig
1		Eiweiß
1/4	l	Öl
50	g	grüne Linsen
50	g	Teller-Linsen
50	g	rote Linsen
50	g	schwarze Linsen (Beluga)
100	g	Wurzelgemüse
		Brühe

Zubereitung

Die Linsen ohne einzuweichen getrennt in Wasser blanchieren, die schwarzen Linsen etwas länger kochen. Alle in einem Sieb abtropfen und mit kaltem Wasser abspülen. Die Linsen zusammen erneut in einen Topf geben und mit halb Wasser und Brühe bis auf Höhe aufgießen. Ca. 15 Minuten köcheln lassen und dann das in Streichholzkopf-Größe geschnittene Wurzelgemüse hinzugeben. Mit Salz/Pfeffer abschmecken und beiseite stellen.

Die Gambas aus der Schale trennen und säubern. Mit Salz, Pfeffer und gehackten Kräutern würzen. Brikteig in gleichmäßige Stücke von ca. 8 x 8 cm zuschneiden, die Teigkanten mit Eiweiß bestreichen. Je eine Gamba in ein Stück Brikteig einrollen.

Anschließend die Gambas in heißem Öl goldbraun ausbacken. Mit den bunten Linsen und evtl. etwas Salat servieren.

Lachscannelloni

Zutaten (für 4 Personen).

Menge	Einheit	Produkte
Für den Nudelteig		
200	g	Mehl
		Salz
1		großes Ei
1	EL	Olivenöl
4		Lachsfilets
1	EL	Zitronensaft
		Salz
		Pfeffer
4		Basilikumblätter
1	TL	Margarine
Für das Pesto		
		Rucola
		Pinienkerne oder Walnüsse
		Parmesan

Zubereitung

Für den Nudelteig die Hälfte des Mehls mit dem Salz in einer Rührschüssel mit einer Gabel vermischen. Anschließend in die Mitte eine Mulde drücken und das Ei mit dem Öl hineingeben. Mit der Gabel von der Mitte nach außen arbeitend das Mehl mit dem Ei und dem Öl vermischen. Dann das Ganze vermengen, bis ein weicher, geschmeidiger Teig entsteht, dabei nach Bedarf etwas zusätzliches Mehl aufstreuen. Nun den Teig kneten. Falls er klebt, mit weiterem Mehl bestäuben, bis die Masse glatt und fest wird. Den Teig zu einer Kugel rollen. Mit einem Küchentuch abdecken und etwa 1 Stunde ruhen lassen.

Die Lachsfilets mit Salz und Pfeffer würzen und mit Zitronensaft beträufeln. Den Nudelteig in Scheiben schneiden und durch die Walze der Nudelmaschine drehen, bis die Blätter schön dünn ausgerollt sind. Falls keine Nudelmaschine zur Hand ist, Teig mit dem Nudelholz auf bemehlter Arbeitsfläche dünn ausrollen. Zu Rechtecken der Größe 8 x 12 cm ausschneiden. Die Nudelblätter in reichlich kochendem Salzwasser nacheinander kurz kochen und danach mit kaltem Wasser abschrecken. Die gekochten Nudelblätter mit je einem gewürzten Lachsfilet und einem Basilikumblatt belegen, einrollen und auf ein gefettetes Backblech legen. Eine 1/4 Stunde vor dem Servieren bei 120 °C in den Ofen schieben.

Den Rucola entstielen, waschen und trocken schleudern. Pinienkerne oder Walnüsse in der Pfanne rösten. Knoblauch schälen, fein hacken und den Parmesan reiben. Alle Zutaten im Mixer oder mit dem Pürierstab so fein wie gewünscht zerkleinern.

Brillat-Savarin –
Eine Philosophi

ler Tafelfreuden

BRILLAT-SAVARIN – EINE PHILOSOPHIE DER TAFELFREUDEN

Jean-Anthelme Brillat-Savarin (1755–1826) war der Erste, der sich über Essen und die Kunst der Tafelfreuden ernsthaft Gedanken gemacht und die Ergebnisse seines Nachdenkens zu Papier gebracht hat. Er war Autodidakt, kein Dandy des Essens, kein Snob der Küche. Er war Kenner und Liebhaber.

»Die Erfindung eines neuen Gerichts leistet mehr für das gesellschaftliche Wohl als die Entdeckung eines neuen Sterns.«

Geboren wurde er in Belley in der Bresse. Von früher Kindheit an liebte er es, sich in den Küchen der Nachbarschaft herumzutreiben und die typischen Gerüche einzuatmen, die den fremden Töpfen und Bratröhren entströmten. Er studierte Violine und lebte in Paris, war Abgeordneter und wurde Präsident des Zivilgerichtshofs und später sogar Präsident des neuen Kassationshofs – eine Art oberstes Verfassungsgericht. Seines konservativen Geistes wegen wurde er bald wieder abgesetzt und aus Protest gegen diese Maßnahme von den Bürgern von Paris zu ihrem Bürgermeister gewählt. Auch hier wurde er wieder aus dem Amt gejagt. Aufgrund des Terrors, der der französischen Revolution folgte, floh er in die Schweiz und wanderte schließlich nach Amerika aus. In New York hat er sich als Französischübersetzer und Violinist eines Theaterorchesters über Wasser gehalten. Aus Angst, sich mit Gelbfieber anzustecken, verließ er New York und ging zu Fuß nach Connecticut. Weil er sich in der Geografie nicht so auskannte, lief er statt der 45 Meilen nach New Haven mehr als 350 Meilen und kam auf diese Weise nach Yale und Harvard. Er verbrachte mehrere Monate in Boston, bevor er sich endgültig in Philadelphia niederließ. Dort traf er Thomas Jefferson, von dem er wissen wollte, wie man einen wilden Truthahn zubereitet. Im Juni 1796 segelte er von Philadelphia zurück nach Frankreich, kehrte zurück nach Paris, wo er ein großes Haus führte und berühmt wurde für seine Dinner. Alles, was Rang und Namen hatte, wollte bei ihm eingeladen werden. Dort schrieb er seine gastronomischen Memoiren, die heute auf Deutsch unter dem Titel »Physiologie des

Geschmacks oder Betrachtungen über das höhere Tafelvergnügen« als Insel-Taschenbuch erschienen und mit Vergnügen zu lesen sind. Hier einige Auszüge aus seinem Versuch, die Feinschmecker zu charakterisieren:

Es gibt Personen, denen die Natur jene Feinheit der Organe, vielleicht auch jene dauernde Aufmerksamkeit versagt hat, ohne die das opulenteste Mahl ungewürdigt bleibt.

Diese Personen stehen zum Geschmack wie der Blinde zur Farbe.

Der prädestinierte Feinschmecker ist meist von mittlerer Statur. Er hat ein Gesicht, rund oder viereckig, dicke Lippen, ein rundes Kinn. Die Frauen sind drall, mehr hübsch als schön, scheinen etwas zum Dickwerden geneigt.

Die Naschmäulchen haben dagegen feinere Züge, ein zartes Air, sind niedlicher und haben ein ganz besonderes, reizendes Zungenschnalzen.

Übrigens sind alle, die leicht Geld verdienen, beinahe unentrinnbar verpflichtet, Feinschmecker zu sein.

Ärzte werden Feinschmecker durch Verführung, sie müssten von Erz sein, um solchen Lockungen zu widerstehen...

Stets ungeduldig erwartet werden sie auf das zuvorkommendste empfangen...

Hoffnung stellt sich zur Rechten, Dank zu ihrer Linken auf; man pflegt sie wie Tauben, sie lassens sich gefallen – und nach einem halben Jahr sitzt die Gewohnheit fest: sie sind Feinschmecker geworden, »past redumption«.

Nie war die gesellschaftliche Stellung der Literaten angenehmer als jetzt. … Man lädt sie ein aus Respekt vor ihren Talenten, aber auch um die Pikanterie ihrer Unterhaltung und schließlich um der Mode willen, die seit einiger Zeit für jede Gesellschaft einige Literaten vorschreibt.

Wir könnten die Soziologie der Feinschmecker nicht besser schließen als durch die ehrenvolle Erwähnung der Stände, die wir noch in ihrem vollen Ruhm gesehen, die aber die Revolution vernichtet hat: Richter und Abbés. Ah, was für Gourmands, diese Edlen, Getreuen! Da gab es keinen Zweifel angesichts solch offener Nasen, solch aufgerissener Augen, solch glänzender Lippen, solch lebhaft promenierender Zungen!

MENÜ: EIN ESSEN IM KLASSISCHEN STIL:

- Auberginen-Tapenade
- Bouillabaisse
- Provençalische Scampis
- Ragout vom Senner Heidelamm
- Crème brûlée

Rezepte

Auberginen-Tapenade

Zutaten (für 6 Personen):

Menge	Einheit	Produkte
3		mittelgroße Auberginen
1		Knoblauchzehe (junger Knobi)
		Pfeffer, Salz, TL Kümmel
		Olivenöl
1/2		Zitrone
1/2	Bd.	Blattpetersilie

Zubereitung

Die Auberginen waschen und der Länge nach aufschneiden. Die Hälften mit der aufgeschnittenen Seite nach oben auf ein Brett legen und mit einem spitzen Messer etwa fünfmal diagonal in beide Richtungen 2 cm tief einschneiden. Zum Wasserziehen mit Salz bestreuen, die Auberginenhälften auf ein Backofengitter mit der aufgeschnittenen Seite nach unten legen und am besten über die Spüle stellen. Nach 1/2 bis 1 Stunde mit Küchenkrepp abtupfen, mit Olivenöl einpinseln und in den Ofen schieben: 5 Minuten Grill, 20 Minuten Umluft bei 220 Grad (oder 30 Minuten Ober- und Unterhitze).

Die Auberginenhälften aus dem Ofen nehmen und abkühlen lassen. Das Fruchtfleisch mit einem Löffel von der Haut lösen, was durch das vorhergegangene Einritzen erleichtert wird. Das noch lauwarme Fruchtfleisch in einen Mixer geben, Pertersilie, Knoblauchzehe, Salz, Pfeffer und gemahlenen Kümmel hinzufügen und etwa 30 Sekunden lang bei hoher Geschwindigkeit mixen.

Umschalten auf langsamere Stufe und 1/2 Glas Olivenöl und den Saft 1/2 Zitrone hinzufügen. Noch einige Sekunden mixen. Die Masse in eine Schüssel füllen und ca. 2 Stunden kalt stellen. Dieses Gericht kann ohne weiteres 4–5 Tage im Kühlschrank aufbewahrt werden.

Bouillabaisse

Zutaten (für 6–8 Personen):

Menge	**Einheit**	**Produkte**
60	ml	Olivenöl
250	g	Zwiebeln
250	g	Porree
5–6		zerdrückte Knoblauchzehen
1,5	kg	Kochfisch
		Fischköpfe und Gräten
250	g	Meeraal
1		Seeteufelkopf
		Grobes Meersalz
1–2		Chilischoten
2	Zweige	Thymian
2		Lorbeerblätter
1	TL	Fenchelsamen
500	g	vollreife Tomaten
500	ml	trockener Weißwein
2	l	kochendes Wasser
500	g	Strandkrabben
1	g	Safranfäden

Zubereitung

Für die Suppe das Olivenöl in einem schweren 10-Liter-Topf bei mittlerer Temperatur erhitzen. Die Zwiebeln hacken, den Porree in feine Scheiben schneiden. Beides mit dem zerdrückten Knoblauch 4–5 Minuten unter Rühren weich dünsten, jedoch nicht anbräunen.

Alle Fische und Fischabschnitte und Krebse hinzufügen und mit Salz, Chilis und den Kräutern würzen. Das Ganze etwa 10 Minuten braten, dabei rühren und den Topfinhalt mit einem Kochlöffel zerdrücken. Die Tomaten dazugeben und etwa 5 Minuten weiter rühren, bis die Tomaten zerfallen und zu kochen beginnen. Den Wein angießen, unter Rühren aufkochen lassen. Das kochend heiße Wasser hinzufügen und gründlich umrühren.

Den Topf auf die Arbeitsfläche stellen. 2–3 Schöpfkellen Suppe über einer großen Schüssel durch ein Sieb streichen, die Rückstände im Sieb ausdrücken. Die Rückstände aus dem Sieb entfernen und die nächste Portion Suppe passieren. Die Kräuter entfernen.

Den Topf, wenn er leer ist, säubern, ebenso das Sieb. Darauf achten, dass keine winzigen Gräten zwischen den Maschen hängenbleiben. Das Sieb in den Topf hängen und die Suppe durchseihen. Dabei das Sieb vorsichtig schütteln, den Inhalt jedoch nicht umrühren. Die feinen Rückstände im Sieb entfernen. Die Suppe mit dem Safran würzen und erneut aufwärmen. In geeigneten Suppentassen servieren.

Provençalische Scampis

Zutaten (für 4 Personen):

Menge	Einheit	Produkte
16	Stück	Scampis 8/12er
2		Schalotten
30	g	Knoblauch
10	g	Ingwer
1		Tomate
		Olivenöl

Zubereitung

Die Scampis in Salzwasser kurz blanchieren und dann in einer Mischung aus gleichen Teilen Schalotten, Knoblauch und Ingwer – alles klein gehackt – mit Olivenöl anbraten. Zum Schluss eine klein gehackte, gekochte und gehäutete Tomate dazugeben. Sofort servieren.

Ragout vom Senner Heidelamm

Zutaten (für 4 Personen):

Menge	Einheit	Produkte
2	kg	Lammfleisch (Schulter, Nacken, Keule)
50	g	Mehl
200	g	Tomaten geschält (Dose)
1,5	l	Lammfond
1	l	Wasser
15	g	Knoblauch
		Thymian, Rosmarin
		Lorbeerblatt, Petersilie
300	g	Gemüsebrunoise (Karotten, Zwiebeln, Sellerie, Lauch)

Zubereitung

Das Fleisch in ca. 30–50 g-Stücke schneiden. In der Pfanne anbraten, im Durchschlag abtropfen lassen und dann im Bräter langsam weiter anbraten. Das Fleisch mit dem Mehl bestäuben, die Tomaten hinzugeben, umrühren, dann mit dem Wasser und Lammfond aufgießen. Den mit Wasser pürierten Knoblauch und die Kräuter hinzufügen. Alles ca. 1 Stunde mit Deckel auf dem Herd oder im Ofen köcheln lassen. Das fertig gegarte Fleisch probieren und auf einem Blech auskühlen lassen.

Zu der Lammsoße die Gemüsebrunoise geben und 5–10 Minuten köcheln lassen. Alles kurz mit dem Mixstab durchrühren, abschmecken und evtl. mit Mondamin auf die gewünschte Konsistenz bringen. Lammragout in der Soße erwärmen. Auf tiefen Tellern anrichten.

Crème brûlée

Zutaten (für 8 Personen):

Menge	**Einheit**	**Produkte**
5	dl	Sahne
5	dl	Milch
240	g	Eigelb (12 Stück)
150	g	Zucker
1	Stück	geriebene Orangenschale
1	Stück	geriebene Zitronenschale
		brauner Rohrzucker

Zubereitung

Eigelb und Zucker kurz verrühren. Die Milch, Sahne und Orangen-/ Zitronenabrieb aufkochen. Zur Eigelb-/ Zucker masse unter Rühren hinzugeben. Abschäumen und in beliebige flache Portionsschälchen 2–3 cm hoch gießen. In ein tiefes Backblech stellen und in die Zwischeräume 1 cm hoch Wasser gießen. Im Ofen bei 160 °C ca. 40 Minuten garen. Wenn die Masse stockt, ist sie gar. Die Förmchen im Kühlschrank kalt stellen. Vor dem Servieren mit braunem Rohrzucker bestreuen und mit dem Bunsenbrenner karamellisieren.

Die Küche als Labor: Experten, Laien und die Popularisierung des Kochens

DIE KÜCHE ALS LABOR: EXPERTEN, LAIEN UND DIE POPULARISIERUNG DES KOCHENS

Das Labor, als Kurzform abgeleitet vom Begriff Laboratorium, ist im 18. Jahrhundert entstanden als eine Arbeitsstätte für naturwissenschaftliche, technische oder medizinische Untersuchungen. Die Küche als Labor zu bezeichnen ist zunächst nichts weiter als eine Metapher, die darauf hinweist, dass auch in der Küche Versuche unternommen werden, das Essen möglichst schmackhaft auf den Teller zu bringen. Aber diese Versuche beschränken sich auf Versuch und Irrtum und unterscheiden sich von den raffinierten experimentellen Anordnungen in der Wissenschaft. Erst in letzter Zeit hat sich das geändert. Als Pionier gilt der Spanier Ferran Adriá, der mehrere Monate im Jahr sein Restaurant schließt, um in seinem Labor neue Möglichkeiten zu erforschen, den Geschmack von Speisen zu intensivieren. Dies versucht er weniger durch neue Kompositionen verschiedener Zutaten, sondern eher durch ungewöhnliche Verfahren bei der Zubereitung. Im Internet schreibt Judy Fayard:

»From the first sip of the proffered aperitif at El Bulli – a frozen gin with hot lemon fizz – you know you're in for something different. Ferran Adriá has won the adulation of food critics and cooks by whipping up startling combinations of texture, temperature and taste: bite-size cuttlefish ravioli that explode in a burst of coconut and ginger, soft-boiled quail egg with a crispy caramel crust, a polenta of frozen powdered Parmesan cheese, almond ice cream on a swirl of garlic oil and balsamic vinegar.«

Die Wissenschaft hält Einzug in die Küche, zumindest in die der Avantgarde der gehobenen Sterneköche. Molekulare Gastronomie ist zum Schlagwort dieser Entwicklung geworden. Sie untersucht streng wissenschaftlich, was passiert, wenn man Fleisch kocht, Mayonnaise rührt oder Kartoffeln frittiert. Diese neue Wissenschaft – inzwischen gibt es den ersten Lehrstuhl in Kopenhagen, Athen will folgen – untersucht die molekularen Grundlagen des Kochens und Schmeckens. Spätestens jetzt ist die Küche zum Labor im eigentlichen Sinn geworden.

Wo es Labors gibt, gibt es Experten. Nach allgemeinem Verständnis ist ein Experte jemand, der auf dem infrage kommenden Gebiet besonders gut Bescheid weiß; ein Sachverständiger, ein Kenner. Experten unterscheiden sich von Laien durch ein spezielles Wissen und durch Fertigkeiten, die Laien im Allgemeinen nicht haben. Experten genießen hohes Ansehen, weil sie Dinge beurteilen können, die sich dem Laien entziehen. In der Wissenschaft gibt es im Verhältnis von Experten und Laien nicht selten Konflikte. Experten verharmlosen Risiken, Laien widersprechen und holen sich andere Experten, die in ihrem Sinne argumentieren. Experten sind selten einer Meinung. Das untergräbt ihre Reputation.
Gibt es auch in der Küche Experten? Im eigentlichen Sinne nicht. Zwar hatten in Frankreich zumindest vor der Revolution die Köche ein hohes Ansehen und ein Koch war oft einflussreicher als sein Herr. Er hat definiert, was guter Geschmack ist, und die Herrschaft folgte ohne Murren. Experte sein heißt, Verantwortung übernehmen. So soll sich ein berühmter Koch umgebracht haben, weil die

für das Abendessen gelieferten Fische nicht frisch genug waren. Aber Frankreich war die Ausnahme und an anderen europäischen Höfen hatte die Küche nicht diese zentrale Stellung. In der nachrevolutionären bürgerlichen Küche fanden die Köche des Hofes neue Betätigungsfelder – Kochen wurde professionalisiert, der Koch zum Meister seines Faches.

Seit einiger Zeit kann man eine neue Entwicklung beobachten, die Popularisierung des Kochens. Die ehemals höfische Küche und ihr großbürgerliches Pendant werden demokratisiert. Getrieben wird diese Demokratisierung von einer technischen Revolution. Neue Herde, Töpfe, Kühlschränke und Küchenmaschinen eröffnen zusammen mit einer auf Frische und Qualität ausgerichteten Versorgungsstruktur auch am heimischen Herd Möglichkeiten, die bis dahin nur einer hoch professionalisierten Spitzengastronomie zur Verfügung standen. Kochen macht jetzt Spaß. Weil fast alles gelingt, wird Kochen für viele zum Hobby. Hobbyköche zeigen in Wettbewerben, dass sie in keiner Weise den hauben- und sternenbekränzten Profis nachstehen.

Selbst die Laien werden zu Experten, zu Feinschmeckern, die kritisch beurteilen, was Profis und Amateure auf den Teller bringen. Kochen und Genießen gehören zusammen. »La scienza in cucina e l'arte di mangiar bene« heißt es in Italien und in Siena gibt es eine Akademie für Wein und gutes Essen.

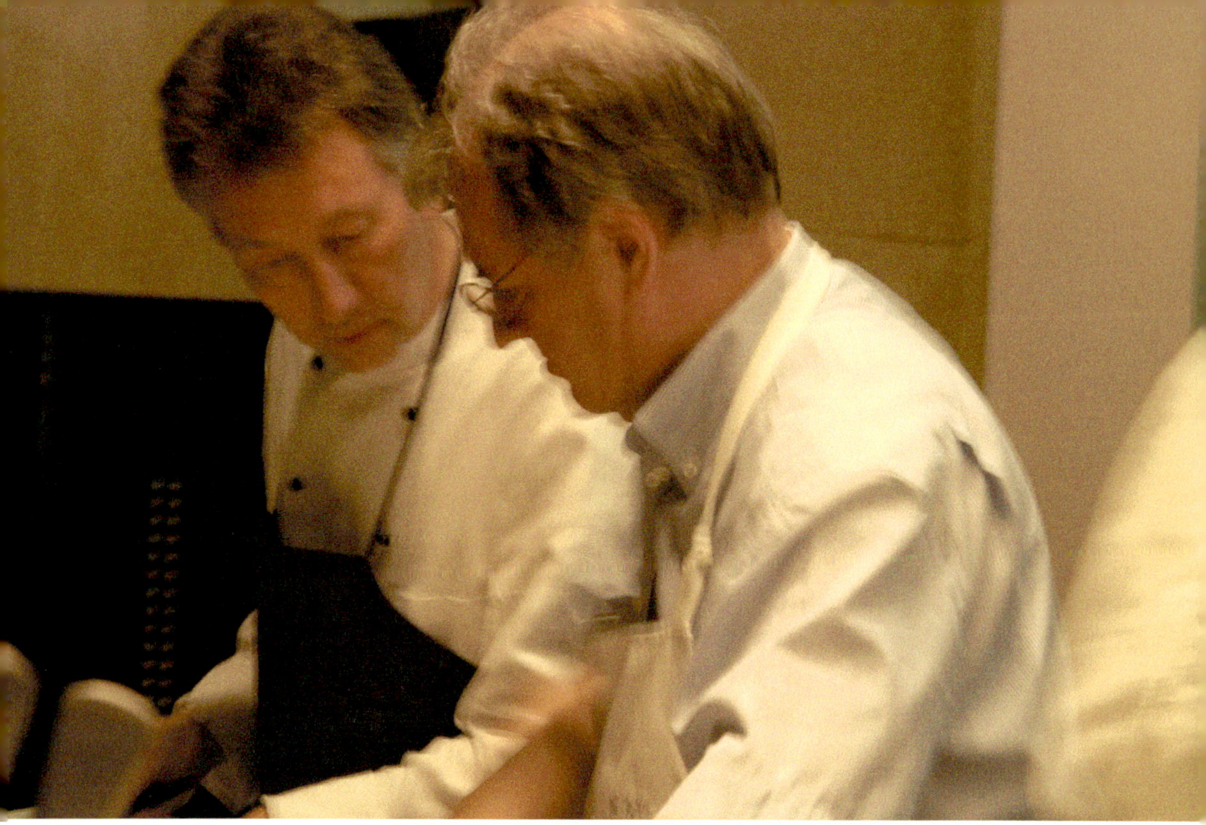

Aber Genuss will gelernt sein. Wie wird man vom Nutellaesser zum kompetenten Gourmet, zum Genussexperten? Leider gibt es dafür keinen anderen Weg als regelmäßiges Kosten und Probieren. Man muss sich einlassen auf die Vielfalt der Gerichte. und man muss bereit sein, Lehrgeld zu bezahlen. Wer nicht willens ist, für ein gutes Essen mehr als gewöhnlich hinzulegen, bleibt blind für viele Raffinessen des Geschmacks. Das heißt nicht, dass nur Teures schmeckt. Auch Munsterkäse und neue Kartoffeln mit Butter, Meersalz und Kümmel können eine Delikatesse sein, zumal wenn es sich um Rohmilchkäse, Rohmilchbutter und »Bamberger Hörndle« handelt.

Küchen sind Labors, in denen stets Neues entwickelt wird. Sie sind die Keimzelle für neue Entwicklungen in der Lebensmittelindustrie. Aber die Rohstoffe müssen stimmen. Wer Chicken-Mc-Nugggets aus anderweitig nicht mehr verwertbaren Tierkadavern herstellt, verhöhnt seine Kunden. Und wer glaubt, Geflügelfleisch sei zum Preis von Sägemehl zu bekommen, wird leichte Beute dieser Art von Lebensmittelindustrie. Aber weder Tiefkühl- noch Dosenware muss aus Abfällen bestehen. Mit ein bisschen Erfahrung lässt sich auch hier die Spreu vom Weizen trennen.

MENÜ: HANS-ACHIM VON STOCKHAUSEN KOCHT SEIN SIEGERMENÜ AUS DEM ZEIT-KOCHWETTBEWERB

- **Scampibonbons auf Noilly-Prat-Sauce mit Safranfäden**
- **Gelbe Paprikasuppe mit rohen Rinderfiletscheiben**
- **Enten-Kartoffel-Tarte mit Ingwer-Rucolasauce**
- **Ingwerparfait mit Orangen-Sesam-Tuile auf Erdbeer-Kompott**

Rezepte

Scampibonbons auf Noilly-Prat-Sauce mit Safranfäden

Zutaten (für 4 Personen):

Menge	Einheit	Produkte
Für den Nudelteig:		
100	g	Mehl
		Salz
1		Ei
1	EL	Olivenöl
1		Eigelb
Für die Farce:		
4		mittelgroße Scampis
1/2		Schalotte
1/2		Knoblauchzehe
		verschiedene Kräuter
1		Eigelb
		Schnittlauch
		Spinat-, oder Mangoldblätter
		Salz/Pfeffer
Für die Sauce:		
1		Schalotte
0,1	l	trockener Wein
0,5	l	Fischfond
0,1	l	Noilly Prat
		Sahne
1	Msp.	Safranfäden
100	g	Butter
		weißer Pfeffer, Salz

Zubereitung

Für den Nudelteig die Hälfte des Mehls mit dem Salz in einer Rührschüssel mit einer Gabel vermischen. Anschließend in die Mitte eine Mulde drücken und das Ei mit dem Öl hineingeben. Mit der Gabel von der Mitte nach außen arbeitend das Mehl mit dem Ei und dem Öl vermischen. Dann das Ganze vermengen, bis ein weicher, geschmeidiger Teig entsteht, dabei nach Bedarf etwas zusätzliches Mehl aufstreuen. Nun den Teig kneten. Falls er klebt, mit weiterem Mehl bestäuben, bis die Masse glatt und fest wird. Den Teig zu einer Kugel rollen. Mit einem Küchentuch abdecken und im Kühlschrank etwa 1 Stunde ruhen lassen.

Scampis aus der Schale nehmen und säubern, pro Portion jeweils ein Scampi in der Mitte durchschneiden und beiseite stellen. Die restlichen Scampis so klein wie möglich schneiden bzw. hacken.

Parallel die Schalotte und Knoblauchzehe sowie separat die Kräuter (erlaubt ist, was da ist und vor allem schmeckt) klein hacken. Die Schalotte gemeinsam mit der klein gehackten Knoblauchzehe kurz in Olivenöl dünsten, danach mit Küchenkrepp abtrocknen, zusammen mit den Kräutern zu der Scampifarce geben. Die Spinatblätter putzen und kurz blanchieren, in Eiswasser abschrecken und kräftig (!) ausdrücken, anschließend ebenfalls ganz klein schneiden und zu der Farce geben. Abschließend zur besseren Bindung ein Eigelb hinzugeben und mit Pfeffer und Salz abschmecken.

Nun den Nudelteig in Scheiben schneiden und durch die Walze der Nudelmaschine drehen bis die Blätter schön dünn sind. Falls keine Nudelmaschine zur Hand ist, den Teig mit dem Nudelholz auf bemehlter Arbeitsfläche dünn ausrollen. Die Nudelplatten in ca. 15 x 12 cm große Rechtecke zurechtschneiden.

Die halbierten Scampis sehr kurz in Olivenöl anbraten, mit Küchenkrepp trocken tupfen. Dann in unterschiedlicher Richtung übereinander legen und mit der Farce umhüllen. Die ganze Masse in das Nudelblatt legen und behutsam einrollen. Die Enden vorsichtig zusammendrücken und mit einem kurz blanchierten und ebenfalls in Eiswasser abgeschreckten Schnittlauchhalm jeweils auf beiden Seiten behutsam zubinden.

Für die Sauce eine weitere Schalotte klein hacken, in Öl andünsten und mit dem Wein ablöschen. Den Wein fast gänzlich reduzieren und dann den Fischfond dazu gießen, ebenfalls den zuvor ca. um die Hälfte separat reduzierten Noilly Prat, alles nochmals um gut ein Viertel reduzieren. Zwischenzeitlich die Sahne und die Safranfäden dazugeben; alles noch etwas köcheln lassen. Die eiskalte Butter einrühren, mit Salz und weißem Pfeffer abschmecken.

Die Scampibonbons in leicht gesalzenem Salzwasser ca. 6 Minuten ziehen lassen, auf einem Teller einen Saucenspiegel erstellen und das in der Mitte schräg durchgeschnittene Scampibonbon vorsichtig auf den Teller legen. Ggf. mit Schnittlauch oder Kerbel ausdekorieren.

Gelbe Paprikasuppe mit rohen Rinderfiletscheiben

Zutaten (für 4 Personen):

Menge	Einheit	Produkte
4–5		gelbe Paprika
2		Schalotten
20	g	Butter
20	g	Zucker
		Saft einer Zitrone
1/4	l	Geflügelfond
1/8	l	Sahne
1–2	Zweig	Rosmarin
2–3	Zweig	Thymian
		Salz/weißer Pfeffer
		Safranfäden
120	g	Rinderfilet

Zubereitung

Die Paprikaschoten halbieren, entkernen und in Streifen schneiden. Die Schalotten ebenfalls in kleine Würfel schneiden und diese in der Butter anbraten, mit dem Zucker ablöschen bzw. karamellisieren und den Saft der Zitrone hinzugeben.

Anschließend die Paprikastücke dazugeben, mit dem Geflügelfond und der Sahne ablöschen und alles 10 bis 15 Minuten köcheln lassen. In den letzten 5 Minuten den Rosmarin und den Thymian mit ziehen lassen, aber am Ende wieder entfernen.

Die Masse in den Mixer geben, kräftig pürieren und anschließend passieren. Von der verbliebenen festen Paprikamasse ein bis zwei Esslöffel in die passierte Suppe geben, damit sie nicht zu feinflüssig ist. Schließlich mit weißem Pfeffer und Salz abschmecken und einige Safranfäden hineingeben und noch einmal aufköcheln lassen.

Die Suppe in einen tiefen Teller geben und mit zwei bis drei, auf der Aufschnittmaschine dünn geschnittenen Scheiben, rohen Rinderfilets belegen.

Alternativ bieten sich auch dünne, gewürzte und leicht angebratene Scheiben vom Lammfilet an, gegebenenfalls auch Kalbs- oder Lammleber.

Enten-Kartoffel-Tarte mit Ingwer-Rucolasauce

Zutaten (für 4 Personen):

Menge	Einheit	Produkte
Für das Konfit:		
2		Entenkeulen
		schwarzer Pfeffer
		grobes Meersalz
		Thymian, Lorbeerblätter
		Gänsefett-Schweineschmalz
		Knoblauchzehen
4		Pellkartoffeln
		Blattpetersilie/Rucola
		Entenfond/Sahne
		frischer Ingwer
		Butter
		Salz/Pfeffer

Zubereitung

Für das Entenconfit werden die Entenkeulen für ca. 24 Stunden mit einem Gemisch aus grobem schwarzem Pfeffer sowie grobem Meersalz und Thymian mariniert. Anschließend die Marinade abwischen und in einem Gemisch aus Gänsefett und Schweineschmalz, in das noch einige Knoblauchzehen sowie schwarze Pfefferkörner und wenige Lorbeerblätter gegeben werden, ca. 2 Stunden bei ca. 80–90 °C ziehen lassen.

Anschließend die Haut von den Entenkeulen vorsichtig abziehen und das Fleisch von den Knochen lösen. Das Fleisch klein zupfen, ggf. auch mit dem Messer klein schneiden oder mit einer Gabel quetschen und beiseite stellen. Gut abdecken, damit das saftige Fleisch nicht austrocknet.

Die Pellkartoffeln in ca 1–1,5 mm dünne Scheiben schneiden, einen Tarte-Ring auf einen flachen Teller legen und zunächst eine Schicht des klein geschnittenen Entenconfits einlegen, dann mit den Pellkartoffelscheiben belegen, andrücken, wieder eine Schicht Entenconfit und abschließend oben nochmals eine Schicht Kartoffeln platzieren. Zwischen die Schichten sollte abrundend jeweils klein geschnittene Blattpetersilie oder etwas klein gehackte, zuvor kurz blanchierte Rucolablätter gestreut und sehr behutsam auch etwas warmes Entenfett dazu gegossen werden. Die Tarte darf nicht zu trocken, aber auch nicht zu saftig sein.

Entenfond erhitzen und leicht reduzieren, etwas Sahne und frisch geriebenen Ingwer dazugeben und weiterhin reduzieren, einige kalte Butterstücke dazugeben.

Rucola waschen und säubern, leicht blanchieren und in Eiswasser ablöschen. Schließlich den verbliebenen Teil in die köchelnde Sauce geben und alles mit dem Pürierstab grob pürieren.

Parallel die vorsichtig »abgezupfte« Entenhaut beidseitig in der Pfanne knusprig braten und in kleine Würfel schneiden. Mit den krossen Entenhautwürfeln die Tarte überstreuen. Den Teller mit der Tarte für 12 Minuten bei ca. 175 Grad in die Backröhre stellen und abschließend mit der heißen und nochmals kurz aufmontierten Ingwer-Rucolasauce umgießen.

Ingwerparfait mit Orangen-Sesam-Tuile auf Erdbeer-Kompott

Zutaten (für 6 Personen):

Menge	Einheit	Produkte
Für das Ingwer-Parfait		
100	g	Zucker
		Wasser
4		Eigelb
1/4	l	Sahne
500	ml	Orangenlikör
25	g	kandierter Ingwer
Für die Orangen-Sesamstangen		
50	g	Butter
2–3	EL	Mehl
70	g	Puderzucker
50–60	g	Sesam
500	ml	Orangensaft
1–2		Orangen
Für das Erdbeerkompott		
		Erdbeeren
		frischer Ingwer
		Minzblätter

Zubereitung

Für das Ingwer-Parfait den Zucker mit dem Orangenlikör verrühren und kräftig erhitzen. Den erhaltenen heißen Sirup auf die Eigelbe geben und in einer Rührschüssel, die auf Eis steht, schlagen, bis sich das Ganze abgekühlt hat. Separat die Sahne schlagen und vorsichtig unter die Masse heben, ebenso den Orangenlikör sowie den in sehr kleine Würfel geschnittenen kandierten Ingwer. In kleine Parfait-Formen abfüllen und mehrere Stunden in das Tiefkühlfach stellen.

Orangen-Sesamstangen: Zunächst die Butter verflüssigen und nach und nach mit den restlichen Zutaten vermengen und ca. 1 Stunde ruhen lassen. Auf ein mit Backfolie ausgelegtes Blech – so dünn wie möglich – streichen und bei 200–220 °C goldbraun backen lassen. Nach leichter Abkühlung in Platten von ca. 4 x 6 cm schneiden und vorsichtig einrollen.

Etwa 1–2 Orangen auspressen und passieren und in einem Topf erhitzen. Dazu den (ebenfalls) ausgepreßten Saft von 2–3 Erdbeeren geben, etwa einen halben TL geriebenen frischen Ingwer dazugeben, etwas Orangenlikör hinzugießen und alles mit etwas Puderzucker abrunden. Diesen Fond gut um die Hälfte reduzieren, passieren und erkalten lassen.

Die übrigen Erdbeeren waschen und in dünne Scheiben (möglichst quer) schneiden, diese auf einem flachen Teller carpaccio-ähnlich anordnen. Darauf zunächst vorsichtig etwas von dem kalten Orangen-Erdbeer-Ingwer-Fond verteilen und etwas einziehen lassen. Schließlich in die Mitte des Tellers das inzwischen gefrorene Parfait stülpen, mit 1–2 Orangen-Sesamstangen sowie mit einigen Minzblättern dekorieren.

Welches Weinderl darf

lenn sein?

WELCHES WEINDERL DARF'S DENN SEIN?

Essen und Trinken hält Leib und Seele zusammen, sagt eine alte Binsenweisheit, die Martin Luther zugeschrieben wird. In Amerika ist es üblich, dass zu jedem Essen kostenlos Leitungswasser – meist chloriert und mit vielen Eiswürfeln versehen – gereicht wird. Auch hier in Deutschland wurde lange Zeit zum Essen Wasser getrunken, bevor die in Mode gekommenen Tafelwasser aus Frankreich und Italien die Tische erobert haben. Es gibt auch Regionen, wo Wasser nur zum Waschen taugt und schon immer Bier das adäquate Getränk zum Essen war.

Wein wurde früher überwiegend in seinen Anbaugebieten getrunken. Vor allem in Deutschland wurde er lange Zeit eher zu besonderen Anlässen und weniger zum Essen getrunken. Kerzen wurden angezündet und Bach wurde aufgelegt, bevor eine Flasche Wein den Abend zum feierlichen Ereignis werden ließ, was nicht ohne Folgen auf die Qualität des Weins blieb.
Die Zeiten haben sich geändert und der Wein hat sich zum Getränk bei Tisch gemausert. Wein zum Essen ist nicht mehr ein Ausdruck gehobener Lebensart, auch in Deutschland gehört der Wein zum Essen inzwischen zur Alltagskultur. Fast jede Gastwirtschaft führt heute Wein auf der Getränkekarte, oft freilich nur in den Alternativen Weiß oder Rot. Restaurants mit gehobenen Ansprüchen besitzen neben der Speisekarte auch eine Weinkarte, nicht selten bestückt mit respektablen Gewächsen aus berühmten Lagen. In die neuen Weinbars geht man primär, um Wein zu trinken, und erst in zweiter Linie, um eine Kleinigkeit zu essen. Tapas-Bars sind in, Spanien lässt grüßen.
Aber welches Essen passt zu welchem Wein? Und umgekehrt, welcher Wein zu welchem Essen? Es gibt Restaurants, die einem die Beantwortung dieser Frage abnehmen und für jedes Gericht eine Weinempfehlung geben. In manchen Restaurants

wird gar das Essen passend zum Wein gekocht. So war es z. B. lange Zeit in Montalcino, wo ein Mailänder Koch, der Schickeria überdrüssig, ein neues Restaurant eröffnete und zu seinen Lieblingsweinen die entsprechenden Gerichte erfand. »Da Edgardo« hieß dieser Tempel der Lust, in dem der Wein die Küche bestimmt hat.
Wo man auf sich selbst gestellt entscheiden muss, galten lange Zeit einfache Regeln wie roter Wein zu dunklem Fleisch und weißer Wein zu hellem, insbesondere zu Fisch.
Auch dies hat sich geändert. Heute ist es kein Sakrileg mehr, zu Fisch roten Wein zu trinken – es muss nur der richtige sein: ein etwas gekühlter Beaujolais zum Beispiel.
Und zum Brasato, einem kräftig gewürzten Rinderbraten, schmeckt vorzüglich ein halb trockener Riesling aus dem Rheingau.
Dieser Wandel bei der Zusammenstellung von Essen und Wein hat natürlich auch etwas mit der Entwicklung im Weinbau zu tun.
Die Weine werden mit den neuen Kellereitechniken – das muss nicht unbedingt der

Einsatz von Chemie sein – immer raffinierter und reicher an Nuancen. Gott sei Dank hat der Parker'sche Einheitsgeschmack noch nicht die Welt erobert. Je mehr die Weine sich voneinander unterscheiden, je mehr Alternativen eröffnen sich, zu einem bestimmten Essen den passenden Wein zu finden: zum Spargel mit Butter den Weißburgunder, zum Tafelspitz mit Goethes grüner Sauce den Sauvignon Blanc aus Südafrika. Neue Abenteuer im Labor der Lüste stehen bevor.

MENÜ: NEUE KOMBINATIONEN VON ESSEN UND WEIN

- **Bouillabaisse en tasse**
- **geschmorter Chicorée im Kalbs-/ Trüffel-Jus, 2000 Chianti Classico, Casanova di Nittardi)**
- **Rochenflügel auf Apfellauch und Sektbuttersoße, 2003 Beaujolais Villages, Georges Duboeuf**
- **Rinder-Sahne-Gulasch mit roten Zwiebeln, 2002 Riesling Spätlese halbtrocken, Weingut Qswald Rühl Erben)**
- **Fourme d´Ambert, 1995 Neusiedlersee Ruländer Beerenauslese**

Rezepte

Bouillabaisse

Zutaten (für 6–8 Personen):

Menge	Einheit	Produkte
60	ml	Olivenöl
250	g	Zwiebeln
250	g	Porree
5–6		zerdrückte Knoblauchzehen
1,5	kg	Kochfisch
		Fischköpfe und Gräten
250	g	Meeraal
1		Seeteufelkopf
		Grobes Meersalz
1–2		Chilischoten
2	Zweige	Thymian
2		Lorbeerblätter
1	TL	Fenchelsamen
500	g	vollreife Tomaten
500	ml	trockener Weißwein
2	l	kochendes Wasser
500	g	Strandkrabben
1	g	Safranfäden

Zubereitung

Für die Suppe das Olivenöl in einem schweren 10-Liter-Topf bei mittlerer Temperatur erhitzen. Die Zwiebeln hacken, den Porree in feine Scheiben schneiden. Beides mit dem zerdrückten Knoblauch 4–5 Minuten unter Rühren weich dünsten, jedoch nicht anbräunen.

Alle Fische und Fischabschnitte und Krebse hinzufügen und mit Salz, Chilis und den Kräutern würzen. Das Ganze etwa 10 Minuten braten, dabei rühren und den Topfinhalt mit einem Kochlöffel zerdrücken. Die Tomaten dazugeben und etwa 5 Minuten weiter rühren, bis die Tomaten zerfallen und zu kochen beginnen. Den Wein angießen, unter Rühren aufkochen lassen. Das kochend heiße Wasser hinzufügen und gründlich umrühren.

Den Topf auf die Arbeitsfläche stellen. 2–3 Schöpfkellen Suppe über einer großen Schüssel durch ein Sieb streichen, die Rückstände im Sieb ausdrücken. Die Rückstände aus dem Sieb entfernen und die nächste Portion Suppe passieren. Die Kräuter entfernen.

Den Topf, wenn er leer ist, säubern, ebenso das Sieb. Darauf achten, dass keine winzigen Gräten zwischen den Maschen hängenbleiben. Das Sieb in den Topf hängen und die Suppe durchseihen. Dabei das Sieb vorsichtig schütteln, den Inhalt jedoch nicht umrühren. Die feinen Rückstände im Sieb entfernen. Die Suppe mit dem Safran würzen und erneut aufwärmen. In geeigneten Suppentassen servieren.

Geschmorter Chicorée in Kalbs-Trüffel-Jus

Zutaten (für 4 Personen):

Menge	Einheit	Produkte
8	Stück	Chicorée
50	g	Butter
		Saft einer Zitrone
2	dl	Kalbsfond
1	dl	Trüffelsaft
20	g	gehackte Trüffel

Zubereitung

Den Chicorée waschen und mit einem kleinen Messer den Wurzelansatz kegelförmig aushöhlen. Den Chicorée in eine hohe Pfanne oder einen Bratentopf legen und alle Zutaten außer Trüffelsaft und Trüffel hinzugeben und ca. 20 Minuten zugedeckt bei mittlerer Hitze schmoren.

Den geschmorten Chicorée herausnehmen, abtropfen und warm stellen. Zu dem Schmorfond die Trüffel und den Trüffelsaft geben und zur gewünschten Konsistenz einkochen. Mit Salz und Pfeffer abschmecken. Den Chicorée in der Kalbs-Trüffel-Jus erhitzen, anrichten und mit der Jus nappieren.

Rochenflügel auf Apfellauch mit Sektbuttersoße

Zutaten (für 4 Personen):

Menge	Einheit	Produkte
1	kg	Rochenflügel
2	l	Wurzelfond (Courtbouillon)
200	g	Lauch
3	dl	Sahne
200	g	Butter
1	dl	Sekt

Zubereitung

Den Rochen beim Fischhändler von den mittleren Knorpelteilen trennen lassen. Die gewaschenen Rochenflügel mit dem Wurzelfond langsam aufkochen und ca. 10 Minuten ziehen lassen. Die Rochen mit der Schaumkelle herausnehmen und abtropfen lassen. Mit Hilfe einer kleinen Winkelpalette von beiden Seiten die Haut abkratzen.

Den Lauch der Länge nach vierteln und in 1-cm-Stücke schneiden, waschen und abtropfen. In einem Topf den Lauch mit der Sahne gar kochen. Den Lauch in ein Sieb gießen und die Sahne in einem Topf bis auf ca. 1 dl einkochen. Dann die in Walnussgröße geschnittene eiskalte Butter unterrühren, ohne zu kochen. Zum Schluss den Sekt dazugießen und mit dem Stabmixer kurz aufquirlen. Mit Salz und Cayennepfeffer abschmecken.

Die Rochenflügel nochmal ca. 5 Minuten in dem Wurzelsud erwärmen. Herausnehmen und das Rochenfleisch vom Knorpel lösen und auf einem Teller anrichten. Mit dem Lauch und der Sektbutter servieren.

Rindergulasch mit roten Zwiebeln

Zutaten (für 8 Personen):

Menge	**Einheit**	**Produkte**
2	kg	Rindfleisch
1	Fl.	Rotwein (am besten Barbera)
		kleine rote Zwiebeln
		(2–3 pro Person)
		Möhren, Sellerie mit Blättern
		Knoblauch,
		Gewürznelken, Zimt
		Thymian, Lorbeerblätter
		Estragon, Salbei, Majoran
		Wacholderbeeren
1/2	Glas	Marsala
		Zucker
150	g	fetter Speck (Lardo rosa)
		Öl, Butter
		Salz/Pfeffer
		Mehl

Zubereitung
Die Gemüse, ausgenommen die roten Zwiebeln, putzen und zusammen mit dem klein geschnittenen Fleisch, einer Flasche Rotwein, einigen Gewürznelken, Zimt, den Kräutern, 1/2 Glas Marsala, einer Prise Zucker, und fettem Speck 3–4 Stunden marinieren lassen.

Das Fleisch würzen, in Mehl wälzen und scharf anbraten. Das Gemüse aus der Marinade nehmen, trocknen und klein schneiden und zum Fleisch geben. Die roten Zwiebeln schälen und auch zum Fleisch geben. Dann den durchgeseihten Wein der Marinade dazugeben; ein wenig Zucker einstreuen und das ganze 3 Stunden langsam kochen. Fleisch und rote Zwiebeln herausnehmen und das Gemüse mit dem Rührstab pürieren. Das Fleisch wieder dazugeben, kurz aufwärmen und auf tiefen Tellern servieren.

Labor der Lüste

Eine Vortrags- und Kochveranstaltung in der Kunsthalle Bielefeld
aus Anlass der Ausstellung »Das große Fressen in der Kunst«

PROGRAMM: DIE THEMEN UND IHRE REFERENTEN

26.01.2004 (Eröffnungsveranstaltung)
Kochschule für Anspruchsvolle – kulinarische Entwicklungshilfe für Deutschlands Küchen? (**Wolfram Siebeck**, Restaurantkritiker, Kochbuchautor, Kolumnist) Es kocht der Sieger des Wolfram-Siebeck Kochwettbewerbs **Hans-Achim von Stockhausen**, Bielefeld

02.02.2004
Sehen, riechen, schmecken – auf der Spur der Sinne (**Udo Spiegel**, Leiter Forschung, Entwicklung und Qualitätssicherung Tiefkühlkost und Frische bei »Dr. Oetker«, Bielefeld).

16.02.2004
Es muss nicht immer Kaviar sein – Kochen in der Literatur (**Rolf Grimminger**, Literaturwissenschaftler und -kritiker, Universität Bielefeld)

23.02.2004 Rosenmontag
Vom Fasten und Fressen in der Kunst (**Manfred Schneckenburger**, Kunsthistoriker, Leiter der »documenta« Kassel 1977 und 1987, ehemaliger Rektor der Kunstakademie Münster)

01.03.2004
Das Geheimnis der Spitzenköche – heimische Wildpflanzen und Kräuter sowie Spitzenprodukte aus aller Welt (**Ernst-Heiner Hüser**, Sternekoch, Bielefeld)

08.03.2004
»Spaghettis«, »Krauts« und »Frogs« – kulturelle Identitäten oder man ist, was man isst (**Gero von Randow**, Wissenschaftsjournalist, Genussreisender und Hobbykoch, Hamburg)

15.03.2004
Food Fotografie – die schönen Bilder der Essenslust (**Brigitte Wegner**, Foodfotografin, und **Andreas Pöschel**, Koch und Foodstylist, Bielefeld)

29.03.2004
Brillat-Savarin – eine Philosophie der Tafelfreuden (**Bernd Rauschenbach**, Vorsitzender der Arno Schmidt Stiftung in Bargfeld, Schauspieler und Actionkünstler)

05.04.2004
Die Küche als Labor: Experten, Laien und die Popularisierung des Kochens (**Helga Nowotny**, Soziologin, ETH Zürich). Es kocht der Sieger des Wolfram-Siebeck-Kochwettbewerbs **Hans-Achim von Stockhausen**, Bielefeld

19.04.2004
Welcher Wein darf's denn sein (**Jens Priewe**, Wein-Journalist, München)

REZEPTÜBERSICHT

IMPRESSUM

Verlag

© Buchausgabe | 2005 Kleine Verlag GmbH
Postfach 101668 | D-33516 Bielefeld
www.kleine-verlag.de

Texte

© Texte | 2005 Günter Küppers

Rezepte

© Rezepte | 2005 Ernst-Heiner Hüser

Bilder

© Bilder | 2005 Brigitte Wegner Fotodesign BFF

Satz & Gestaltung

MEDIUM
Arbeitsgemeinschaft für Kommunikation
und Design GmbH
Gartenstraße 12 | 48361 Beelen
www.medium.ag

Druck und Bindung

Hans Kock
Buch- und Offsetdruck GmbH
Auf dem Esch 9 | 33619 Bielefeld
www.kock-druck.de

Sponsor

vonStockhausen ConsultingGmbH
Management- und Personalberatung
Bielefeld | Düsseldorf | Hamburg

Bibliografische Information Der Deutschen Bibliothek
Die Deutsche Bibliothek verzeichnet diese Publikation in der Deutschen Nationalbibliografie; detaillierte bibliografische Daten sind im Internet über http://dnb.ddb.de abrufbar.

Dieses Buch ist aus säurefreiem Papier hergestellt und entspricht den Frankfurter Forderungen zur Verwendung alterungsbeständiger Papiere für die Buchherstellung.

Printed in Germany

ISBN 3-89370-403-5